Titel der Originalausgabe:
Strength in Stillness – The Power of Transcendental Meditation
Copyright © 2018 by David Lynch Foundation
for Conciousness-Based Education and World Peace
Herausgegeben von Simon & Schuster, Inc., New York, USA 2018

Bob Roth
Still werden – Kraft tanken

Projektmanagement: Marianne Nentwig
Übersetzung: Ulrich Magin
Lektorat: Jochen Uebel
Gestaltung Umschlag/Innenteil: Wilfried Klei
Covermotiv: © Matrix Buchkonzepte,
Maren Orlowski, Hamburg
Autorenfoto: © Alexander Berg
Druck & Verarbeitung: CPI Books GmbH, Leck

© Kamphausen Media GmbH, Bielefeld 2018
info@kamphausen.media | www.kamphausen.media

ISBN Printausgabe: 978-3-95883-209-1
ISBN E-Book: 978-3-95883-210-7

3. Auflage 2022

Bibliografische Information der Deutschen Nationalbibliothek
Die Deutsche Nationalbibliothek verzeichnet diese
Publikation in der Deutschen Nationalbibliografie;
detaillierte bibliografische Daten sind im Internet über
http://dnb.de abrufbar.

Alle Rechte der Verbreitung, auch durch Funk, Fernsehen und
sonstige Kommunikationsmittel, fotomechanische oder vertonte Wiedergabe
sowie des auszugsweisen Nachdrucks vorbehalten.

Bob Roth

mit Kevin Carr O'Leary

Still werden
Mit der Transzendentalen Meditation
Kraft tanken

Die deutsche Fassung des Gedichtes »Tintern Abbey« von William Wordsworth (S. 43) stammt von Dietrich H. Fischer, www.william-wordsworth.de, mit freundlicher Genehmigung des Übersetzers.

*Den Lehrern
der Transzendentalen Meditation
gewidmet*

Einführung 9
Meditative Momente: Geheimwaffe 25

KAPITEL EINS

Arbeitsgrundlage 31
Meditative Momente: Ich liebe die Kraft 44

KAPITEL ZWEI

Erster Tag: Den Prozess beginnen 49
Meditative Momente: Wellness für den Geist 54

Zweiter Tag: Die richtige Praxis 57
Meditative Momente: Zeit für Ihr Selbst 64

Dritter Tag: Erfolg ohne Stress 67
Meditative Momente: Bessere Eltern, bessere Nachbarn 77

Vierter Tag: Den Nutzen mehren 79
Meditative Momente: Erst Gang-Mitglied, dann Privatschule 92

KAPITEL DREI

Der Wandel beginnt in dir 97
Meine eigene Geschichte 115
Meditative Momente: Immaterielles wird entwickelt – Größe ist der Gewinn 127
Meditative Momente: Der Akku ist voll 132
Meditative Momente: Ein paralleler Bewusstseinsstrom 146
Meditative Momente: Zurück zu meinem natürlichsten Zustand 153
Meditative Momente: Das Tor zur Stille und zur Kraft 156

Danksagungen 163
Anmerkungen 167
Über den Autoren 171
Stimmen zum Buch 172

EINFÜHRUNG

Wenn Sie sich einen Meditationslehrer vorstellen, dann haben Sie sicher nicht jemanden wie mich vor Augen. Normalerweise trage ich nämlich einen Anzug, und mein Büro befindet sich in Midtown Manhattan. Ich bin kein »New Ager«. Ausgestattet mit einer natürlichen Skepsis liegt mir, mehr noch als das Baseball-Spiel, die Wissenschaft am Herzen – und zwar sehr. Esoterischer Hokuspokus ist nicht mein Ding. Meine Freunde lästern immer: »Wie kann ein Meditationslehrer derart normal und bodenständig sein?« Ich mag es, wenn die Dinge einfach sind, praktisch, von unbestechlicher Logik.

Und doch unterrichte ich seit 45 Jahren hauptberuflich die Transzendentale Meditation (TM). Diese Technik entstammt der ältesten, ununterbrochenen Meditationstradition der Welt. Sie ist keine Philosophie, man muss weder seinen Lebensstil ändern noch seine Religion wechseln. Mehr als 5000 Jahre wurde die Technik der TM von Lehrer zu Schüler weitergegeben, von Mensch zu Mensch, nie in Gruppen, nie über ein Buch. Ihre Wurzeln liegen in der alten, edlen Kriegerkaste, bei der das Handeln aus Furcht oder Zorn heraus Unglück oder Niederlage heraufbeschwor. Heute ist TM für alle da, die sich nach mehr Ausgeglichenheit im Leben sehnen, die sich mehr Kreativität wünschen, eine bessere Gesundheit, weniger Stress – und mehr Glück.

Jahrtausendelang wurde an der TM-Technik gefeilt. Heute braucht man für sie zweimal am Tag je zwanzig Minuten: zuerst am Morgen, am besten vor dem Frühstück, und dann ein zweites Mal am späten Nachmittag oder frühen Abend, am besten vor dem Abendessen. Sie erlernen die Technik von einem professionell ausgebildeten Trainer, der Sie in einer persönlichen Sitzung unterweist. Er oder sie gibt Ihnen Ihr persönliches Mantra – ein Wort, einen bedeutungslosen Klang – und zeigt Ihnen, wie Sie es richtig denken, nämlich einfach, mühelos und still. Sie erfahren, dass Sie weder die Gedanken vertreiben noch Ihren Atem beobachten müssen; weder müssen Sie Ihre Körperempfindungen überwachen noch etwas visualisieren. Sie lernen auch, dass es zur Meditation keiner bestimmten Sitzhaltung bedarf. Sie können auch gemütlich zu Hause im Sessel sitzen, bei der Arbeit, im Zug, im Flugzeug oder auf einer Bank im Park – eigentlich überall, wo es bequem für Sie ist. Die Sitzung am Morgen macht Ihr Gehirn wach und schenkt Ihnen Kraft und Belastbarkeit, damit die Hektik und die Aufgaben des Tages Sie nicht stressen. Dann meditieren Sie ein zweites Mal, idealerweise am späten Nachmittag oder frühen Abend vor dem Abendessen, um auch diesen Teil des Tages erfrischt anzugehen. Zweimal am Tag erlaubt TM Ihnen einen Neustart.

Ich habe Tausende von Menschen in dieser Meditation unterwiesen. Dazu gehören die Chefetagen von Fortune-100-Unternehmen, aber auch Kassierer in kleinen Familienbetrieben. Einige besuchen Privatschulen, andere Gesamtschulen. Es sind Christen darunter, Juden, Buddhisten, Muslime, Hindus und Menschen, die sich zu keiner Religion bekennen. Die ganze Bandbreite also: vom Profisportler bis zum Obdachlosen. Und ganz gleich, wem ich gegenübersitze – es kann ein Vorstandsmitglied einer weltweit tätigen Bank sein, eine alleinerziehende Mutter mit zwei kleinen Kindern oder ein Kriegsveteran, der schon seit Monaten Nacht für Nacht nur noch zwei Stunden schlafen kann: Der Grund, warum diese Menschen mit mir über Meditation reden wollen, ist immer derselbe. Sie wollen ihr Leben verbessern, und sie sind bereit für eine Veränderung.

Genau wie ihnen ging es mir auch, nur war ich vielleicht noch etwas skeptischer. 1969 studierte ich an einer Universität und wusste irgendwie: Ich wollte glücklicher, gesünder und produktiver werden. Dafür wollte ich etwas tun. So viele Menschen kannte ich, die alles besaßen, was uns angeblich glücklich und gesünder macht, und doch waren sie zu oft mit Sorgen belastet und unglücklich. Ein Freund, dem ich vertraute und der wusste, wie sehr mich der Druck an der Uni stresste, meinte, ich sollte es einmal mit der Transzendentalen Meditation versuchen. Davor scheute ich zurück. So etwas interessierte mich nicht. Meditation gehörte nicht zu meinem Wortschatz. Ich war (und bin) ein praxisorientierter, ziemlich bodenständiger, aktiver Mensch. Ich hatte eigentlich vor, Jura zu studieren, mich dann für ein öffentliches Amt zu bewerben und letztendlich Senator zu werden. Ich wollte die Welt verändern. (Ja, daran haben wir wirklich geglaubt.) Nur so rumsitzen und »meditieren« – das war nichts für mich.

Aber ich schlief damals schlecht, konnte mich nicht konzentrieren, und also vertraute ich meinem Freund; ich beschloss, TM zumindest einmal auszuprobieren. Trotz meines anfänglichen Widerstrebens und meiner Skepsis fand ich die Erfahrung außergewöhnlich, bedeutsam, echt. Es ging erstaunlich leicht, war tief entspannend, und trotzdem schenkte es mir unglaublich viel Energie. So etwas hatte ich noch nicht erlebt. Von Anfang an wusste ich, dass ich das unbedingt auch anderen beibringen wollte, ganz besonders Schulkindern in den Großstädten. Wenige Jahre später, im Januar 1972, machte ich ein Urlaubssemester und nahm an einem fünfmonatigen Ausbildungsprogramm für TM-Lehrer teil, das von Maharishi Mahesh Yogi geleitet wurde, einem Physiker mit Universitätsabschluss und der bedeutendste Meditationslehrer seiner Generation. Im Laufe der Ausbildung beleuchteten Maharishi und ein Team von Neurologen, Ärzten und Psychologen uralte und moderne Erkenntnisse – aus der

Wissenschaft vom Bewusstsein und über das, was damals schon über die Wirkungen von Stress und Trauma auf Gehirn und Nervensystem bekannt gewesen war. Wir studierten die einzigartigen Mechanismen der TM-Praxis und untersuchten, wie diese Meditation die schier unerschöpfliche Kreativität und Intelligenz des menschlichen Geistes freisetzen und viele Grundübel unserer Gesellschaft heilen kann. Am wichtigsten: Maharishi lehrte uns die einfache und doch präzise Technik, wie man persönlich jedem Menschen beibringt, zu *transzendieren* – wie man mühelos zu der tiefen Stille gelangt, die jedem Menschen innewohnt –, und zwar so, dass der Unterricht genau auf diesen Menschen zugeschnitten ist.

Von Anfang an, seit Maharishi 1958 begonnen hatte, der Welt TM zu lehren, hatte er sein Augenmerk darauf gerichtet, dass die Wissenschaft der Transzendentalen Meditation erforscht und verstanden werde. Er forderte Mediziner in Harvard, an der *University of California, Los Angeles (UCLA)* und anderen medizinischen Hochschulen auf, die neurophysiologischen Veränderungen während und nach der TM zu erforschen. Heute gibt es eindeutige Ergebnisse, denn mittlerweile belegen mehr als 400 wissenschaftliche Studien den umfassenden Nutzen der TM-Technik: Sie zeigen Verbesserungen der Gehirn- und der kognitiven Funktionen, der kardiovaskulären Gesundheit und des emotionalen Wohlbefindens. Diese Studien erschienen in erstklassigen, wissenschaftlich begutachteten Fachzeitschriften, beispielsweise *JAMA Internal Medicine* (Herausgeber: die *American Medical Association*, die größte Standesvertretung der Ärzte und Medizinstudenten in den USA; d. Red.), *Stroke* und *Hypertension* (Herausgeber: die *American Heart Association*, eine 1924 gegründete US-amerikanische Kardiologen-Vereinigung, deren Ziel die Prävention und Therapie kardiovaskulärer Erkrankungen ist; d. Red.). »Wissenschaftlich begutachtet«, im Fachjargon *peer reviewed*, heißt: Medizinische Experten haben die Plausibilität der Studie bewertet und darauf geachtet, dass die daran beteiligten Akademiker die wissenschaftlichen Standards eingehalten haben. Die amerikanischen *National*

Institutes of Health (Nationale Gesundheitsinstitute) gaben über zwanzig Millionen Dollar dafür aus, die Auswirkungen von TM auf Stress und Herzgesundheit zu untersuchen. Das amerikanische Verteidigungsministerium wiederum gab mehrere Millionen Dollar aus, damit die Auswirkungen von TM auf Posttraumatische Belastungsstörungen (PTBS) untersucht werden konnten: bei Veteranen, die aus den Kriegen im Irak und in Afghanistan zurückgekommen waren.

Es hat etwas Zeit gebraucht, aber heute gilt die Transzendentale Meditation als leistungsstarke Behandlungs- und Präventivmaßnahme bei vielen der durch Stress ausgelösten, modernen Erkrankungen – wie auch als äußerst nützliches Mittel, um Gesundheit und Leistungskraft erheblich zu verbessern. So wie wir heute wissen, dass Bewegung und gesunde Ernährung wichtig sind, erkennt man nun allseits an, nach vielen überwundenen Hindernissen, wie wichtig Meditation im Allgemeinen und Transzendentale Meditation im Besonderen ist.

Das war nicht immer so. Als ich mit meiner Tätigkeit begann, konnte ich manchmal ein Gespräch am schnellsten dadurch beenden, dass ich sagte, ich sei Meditationslehrer. Werde ich heute gefragt, was ich beruflich mache, dann wird man ganz hellhörig, wenn ich erkläre, dass ich eine gemeinnützige Organisation leite, die Transzendentale Meditation lehrt. Die übliche Reaktion ist: »Ah, das könnte ich auch brauchen.«

Wie kommt das? Woher dieses große Interesse an Meditation? Ich denke, es liegt an drei Entwicklungen, die über uns regelrecht hereingebrochen sind:

Zum Ersten leben wir in einer Stress-Epidemie. Wir müssen heute mehr toxischen Stress ertragen als jemals zuvor. Er schadet dem Immunsystem, hemmt die kognitive und emotionale Entwicklung, treibt unseren Blutdruck in die Höhe und setzt damit Millionen Menschen dem Risiko von Herz-Kreislauf-Erkrankungen aus – der häufigsten Todesursache der modernen Zeit. Zudem führt toxischer Stress zu einer ganzen Reihe schwerer

Störungen: Ess-, Schlaf-, Lern-, Zwangs-, bipolare Störungen und mehr. Er beschleunigt den Alterungsprozess und verkürzt die Lebenserwartung. Stress sorgt täglich für so viel Verspannung und Angst, dass uns nicht einmal mehr Kleinigkeiten erfreuen, die uns früher glücklich gemacht haben.

Berufsbedingt reise ich viel, und in den Gesichtern der Menschen, denen ich begegne, sehe ich den Stress. Ganz gleich, wer sie sind, welcher Arbeit sie nachgehen oder woher sie kommen, sie alle erzählen mir, dass sie viel zu oft bei kleinen Irritationen überreagieren, von den großen Herausforderungen des Lebens ganz zu schweigen. Sie geben zu, dass sie erschrecken, wenn das Handy pausenlos klingelt, und ihr zugemüllter E-Mail-Eingang macht ihnen Angst. Sie bilden sich das nicht ein. In der Tat macht uns Stress gegenüber neuen Stressreizen empfindlicher. Anders gesagt: Stress erzeugt noch mehr Stress. Ohne Übertreibung – und um es ganz brutal zu sagen: Stress tötet.

Und jetzt sind wir sogar permanent miteinander vernetzt, rund um die Uhr, und es gibt keine Pause. Wir werden mit Informationen überhäuft, mit Anforderungen, mit Sinneseindrücken. Wir hängen in einer Endlosschleife aus Anfragen, die wir lesen, bewerten, über die wir entscheiden sollen, die wir behalten, löschen oder beantworten sollen, und schon kommt die nächste Anfrage. Je erfolgreicher wir sind, desto riskanter die Entscheidungen, die wir zu treffen haben.

Ja, viele Menschen sind ernsthaft überfordert, und viele mögen ihren Job nicht. Mir begegnen aber auch viele Menschen, die ihre Arbeit lieben und bei Stress aufblühen. Sie hätten gern mehr Stunden am Tag, um noch mehr erledigen zu können. Menschen auf dem Höhepunkt ihres Könnens lieben Herausforderungen.

Doch gleichgültig, ob Sie nun Ihre Arbeit lieben oder verabscheuen – Stress kann immer seinen Preis haben, körperlich wie emotional. Selbst wenn Ihnen die Arbeit Spaß macht, kann das für Sie anstrengend sein. Sie brauchen nur Mühe zu haben, aus dem Bett zu kommen, weil unerbittlich und unterschwellig Angst an

Ihnen nagt und Sie auslaugt und auspowert sind. Oder Sie wachen vielleicht sogar energiegeladen auf, Ihre Kraft ist dann aber schon am frühen Nachmittag aufgebraucht, und dann gibt Ihnen nicht einmal mehr der Kaffee den Schwung, den Sie eigentlich brauchen, um durch den Tag zu kommen. Was Ihnen bislang nichts ausgemacht hat, belastet Sie nun. Ihr Gedächtnis lässt nach. Sie können sich nicht mehr so gut konzentrieren. Jetzt haben Sie zum ersten Mal Spannungskopfschmerz, oder Sie schlucken Schlaftabletten, damit Sie durch die Nacht kommen.

Es ist ein Teufelskreis. Sie lesen die Diagnose, dann die Prognose, und beides ist nicht günstig. In den USA kostet Stress die Unternehmen über 300 Milliarden Dollar jährlich, weil überarbeitete Angestellte innerlich kündigen, erschöpft, unkonzentriert und ausgebrannt sind.[1] In Großbritannien ist Stress die häufigste Ursache für längerfristigen Arbeitsausfall – noch vor stressbedingten Verletzungen, Herzerkrankungen und Krebs.[2] In Japan hat die Regierung toxischen Stress offiziell als tödliches Phänomen bezeichnet; das Ministerium für Gesundheit, Arbeit und Sozialwesen erhebt dort seit 1987 Statistiken über *karoshi* – Tod durch Überarbeitung.[3]

Auch die Kinder geraten immer früher in dieses Fahrwasser. Kürzlich besuchte ich eine zweite Klasse. Ich schaute sie alle an, diese kleinen Gesichter, während ich erzählte, was ich so tue. Ich sprach davon, wie sich Erwachsene überfordert fühlen, und fragte ganz beiläufig: »Und wer von euch fühlt sich gestresst?«

Jedes Kind hob die Hand. Zweitklässler! Ich war verblüfft. Stress betrifft also nicht nur jene Kinder, die mit Armut und Gewalt in prekären Familien klarkommen müssen. Kinderärzte melden, dass immer mehr Kinder auch aus wohlhabenden Familien aufgrund von Leistungsdruck das Angstniveau von Erwachsenen zeigen.

Es gibt also ein Problem, das wir lösen müssen.

Der zweite Grund für das neue Interesse an Meditation liegt darin, dass uns keine Zauberpille von dieser Seuche befreien kann. Dort suchen wir nämlich gemeinhin die Antwort: im Arzneischrank. Ja, es gibt eine milliardenschwere Schatztruhe von Medikamenten, die all unsere zerstörerischen, mit Stress verbundenen Krankheiten beheben sollen. Zum Schlafen schlucken wir Schlafmittel, um die Nerven zu beruhigen Beruhigungspillen und zur Leistungssteigerung Aufputschmittel. Oder wir verarzten uns sozusagen »an der Theke«, um die Symptome zu unterdrücken, oder trinken einen Kaffee nach dem anderen, um über den Tag zu kommen. Am Abend sind es dann ein paar Gläser Wein, um »runterzukommen«. Und auch die Kinder sind, in immer jüngeren Jahren, abhängig von Antidepressiva, von Mitteln gegen Angst und von Medikamenten, um Aufmerksamkeitsdefizite in den Griff zu bekommen.

Tatsächlich bietet uns die Pharma-Industrie bei toxischem Stress herzlich wenig. Die *American Psychological Association* folgerte, ihre nationale Studie 2014 »zeichne ein Bild von enormem Stress und ungeeigneten Bewältigungsmechanismen, die tief in unserer Kultur verwurzelt sind und die ungesunde Lebensgewohnheiten und Verhaltensweisen an künftige Generationen weitergeben«.[4] Die Medikamente der Pharma-Industrie sind oft genug unwirksam – und die wirksamen können enorme Nebenwirkungen haben. Es steht immer mehr auf dem Spiel, weshalb die Menschen natürlich nach alternativen Lösungen suchen.

Das bringt uns zum dritten Grund für das explosionsartig gestiegene Interesse an Meditation: Wissenschaft, Wissenschaft und noch mal Wissenschaft. Es gibt zahllose Belege für den Nutzen von Meditation, sodass selbst die größten Skeptiker unter uns – wenn auch widerwillig – zugeben müssen: Wenn wir meditieren, geschieht etwas Bedeutsames, etwas Wichtiges.

Was aber heißt das – »meditieren«? Man hört heutzutage so viel über Meditation und »Achtsamkeit«, und doch ist die Verwirrung groß. Wovon also sprechen wir?

Spreche ich über Meditation, biete ich meinen Kursteilnehmern zum besseren Verständnis folgendes Bild: »Sie befinden sich mitten auf dem Atlantik, in einem winzigen Boot. Soweit Ihr Blick reicht, erstreckt sich eine blaue Fläche. Urplötzlich ist das Wasser aufgewühlt, und um Sie herum bauen sich zehn Meter hohe Wellen auf. Jetzt denken Sie natürlich: ›Der ganze Ozean ist aufgewühlt!‹«

Der *ganze* Ozean? Nicht wirklich. Ein Längsschnitt des Meeres würde Ihnen schnell zeigen, dass nur die obersten Schichten Wellen schlagen. Der Atlantik ist mehrere Kilometer tief, und ganz unten ist er still, ganz ruhig. Dort unten erstreckt sich ein Meer der Stille und des Friedens, den die Wogen darüber nicht im Mindesten aufwühlen.

Wie die Wogen an der Meeresoberfläche kann auch die Oberfläche des Geistes aktiv sein – sogar tosend und turbulent. Manche nennen die Oberfläche des Geistes den »Affengeist«. Ich nenne ihn den »Ich-muss-ich-muss-ich-muss«-Geist. Der hyperaktive Workaholic denkt ständig: »Dies muss ich noch erledigen, das muss ich noch tun. Ich muss ihn anrufen. Ich muss sie anrufen. Ich muss mir eine Liste machen. Ich muss die Liste wiederfinden. Dann muss ich eine neue Liste schreiben. Ich muss langsamer machen. Ich muss vorankommen. Ich muss dringend schlafen. Ich muss sofort aufstehen.«

Kommt Ihnen das irgendwie bekannt vor?

So ziemlich jeder hat diese Erfahrung bereits gemacht. Und so ziemlich jeder hat schon einmal gedacht: »Wie gern wäre ich diesen mentalen Krach, dieses Geplapper im Kopf los. Etwas innere Ruhe, etwas mehr Klarheit, etwas mehr Kreativität, etwas zentrierter sein, etwas mehr innerer Frieden.«

Hier kommt es auf das Wörtchen *innerer* an. Die Frage lautet: Haben wir ein *Inneres*? Und wenn ja – wie kommen wir dorthin?

Dieses »Dorthin-Kommen« ist seit undenklichen Zeiten das ureigene Gebiet der Meditation. Meditation ist schon seit langem verbunden mit innerer Ausgeglichenheit, Klarheit, Konzentration, Schaffenskraft und Stärke. Doch es gibt so viele Arten der Meditation. Sind sie alle gleich? Funktionieren sie alle?

Ich praktiziere und lehre schon lange Meditation. Als ich damit anfing, bedeutete der Ausdruck »ich meditiere«, wenn er denn ernst genommen wurde: »Ich jogge«, »ich höre beruhigende Musik«, »ich achte darauf, wie meine Gedanken kommen und gehen«, »ich atme tief ein« oder »ich wiederhole eine bestimmte Silbe in meinem Kopf«. Alles war irgendwie »Meditation«.

Das hat sich inzwischen geändert. Aus den Neurowissenschaften wissen wir, dass es drei grundlegend unterschiedliche Herangehensweisen an das Meditieren gibt. Denn jede einzelne Erfahrung verändert das Gehirn auf ureigene Weise: Ihr Gehirn reagiert unterschiedlich darauf, ob Sie klassische oder elektronische Musik anhören, ob Sie sich eine romantische Komödie oder einen Horrorfilm anschauen. Wissenschaftler erkennen ganz ausgeprägte und wichtige Unterschiede, wie das Gehirn diese Tätigkeiten jeweils verarbeitet. Das kardiovaskuläre, das respiratorische und das Nervensystem reagieren auf die verschiedenen Meditationstechniken ebenfalls ganz unterschiedlich.

Es ist daher wichtig, diese drei Herangehensweisen zu verstehen, weil jede ein anderes Maß an Mühe und Schwierigkeiten mit sich bringt. Jede wirkt anders auf das Gehirn, und jede verändert die Gesundheit von Körper und Geist auf unterschiedliche Weise.

Diese drei Techniken nennt man »Konzentrierte Aufmerksamkeit« *(Focused Attention)*, »Nicht-wertendes Beobachten« *(Open Monitoring)* und von selbst ablaufendes, »Automatisches Transzendieren« *(Automatic Self-Transcending)*.[5]

Konzentrierte Aufmerksamkeit ist das, was in der Populärkultur gemeinhin unter Meditation verstanden wird: Jemand sitzt mit geschlossenen Augen und gekreuzten Beinen aufrecht auf dem Boden oder auf einem Kissen und ist ganz versunken in einen Zustand tiefen, inneren Friedens. Wenn Sie schon einmal einen Yoga-Kurs besucht haben, dann kennen Sie das. Gedanken gelten als Störenfriede der geistigen Ruhe, daher sollen Sie Ihren umherstreunenden »Affengeist« in die Schranken weisen – oder noch besser: anhalten. So werde Ihr Geist von den Gedanken befreit.

Um auf das Bild mit dem Ozean zurückzukommen: Den Geist von Gedanken zu befreien ist so, als wolle man jede Woge auf der Meeresoberfläche glätten. Man muss also ständig äußerst aufmerksam sein, und das bedeutet für die meisten Menschen sehr viel Arbeit. Einige geben dabei auf und meinen: »Ich kann das nicht. Meditation ist nichts für mich.«

Wie wirken sich diese Techniken Konzentrierter Aufmerksamkeit auf das Gehirn aus? Man erforscht das mit der Elektroenzephalografie (EEG), welche die elektrische Aktivität des Gehirns misst. EEG-Muster von Versuchspersonen, die mit Konzentrierter Aufmerksamkeit arbeiten, belegen: Diese Technik erzeugt im linken Gehirnlappen – dort, wo das Gehirn seine Entscheidungen trifft – Gamma-Wellen. Das heißt, die elektrische Aktivität des Gehirns erreicht eine Frequenz von etwa 20 bis 50 Hertz (Hz = Schwingungen pro Sekunde). Ähnliche Ergebnisse findet man bei Schülern, die sich auf eine Mathematikaufgabe konzentrieren. Das verwundert nicht, denn Gamma-Wellen tauchen immer dann auf, wenn sich jemand einer Herausforderung stellt.

Bei der zweiten Meditationsart, dem Nicht-wertenden Beobachten, geht es nicht darum, den Geist von Gedanken zu befreien, sondern unbeteiligt und ohne Bewertung zu beobachten, wie sie kommen und gehen. Gedanken an sich wertet man hier nicht mehr als potenzielle Ruhestörung. Nur ihr Inhalt, ihre Bedeutung gelten noch als störendes Element. Mithin lernt der Meditierende jetzt, unangenehme Gedanken – sei es über die Arbeit, sei es über den Partner – einfach nur wahrzunehmen und dabei ruhig, ungerührt und gegenwärtig zu bleiben.

Um wieder zu unserem Ozean-Beispiel zu kommen: Wieder sitzen Sie in dem winzigen Boot. Statt aber zu versuchen, die Wogen zu glätten, beobachten Sie »nur« emotionslos, wie sie sich heben und senken. Dabei erzeugen Sie Theta-Wellen, die elektrische Aktivität Ihres Gehirns verlangsamt sich auf 6 bis 8 Hz, ähnlich wie kurz vor dem Träumen. Theta-Wellen assoziiert man mit Kreativität, Tagtraum und Gedächtnisaufgaben. Mehrere Untersuchungen von Achtsamkeitspraktiken, die man häufig dem Open Monitoring zuordnet, wiesen außerdem Alpha-2-Wellen (10 bis 12 Hz) im hinteren Gehirnbereich auf. Diese Frequenzen assoziiert man mit dem Abschalten bestimmter Bereiche des Gehirns –, in diesem Fall des Sehsystems –, und darüber hinaus Beta-Wellen (16 bis 20 Hz), ein Hinweis, dass man seine Aufmerksamkeit aktiv auf etwas Bestimmtes lenkt. Zusätzlich belegen bildgebende Verfahren, dass diese Achtsamkeitspraktiken den vorderen cingulären Kortex aktivieren, der für Emotionen, Lernen und das Gedächtnis zuständig ist.

Nicht-wertende Beobachtung trägt dazu bei, dass Sie auch in angespannten Situationen gegenwärtiger und zentrierter sind. Es beruhigt Ihre Amygdala – jene Region des Gehirns, die Emotionen und emotionales Verhalten reguliert –, sodass Sie in bestimmten Situationen nicht mehr überreagieren. Sie halten einige Minuten inne, atmen tief durch und machen sich bewusst, wie Sie gerade reagieren, beruhigen sich und betreten erneut die Bühne. Für viele ist das ein nützlicher und praktischer Bewältigungsmechanismus.

Beim Nicht-wertenden Beobachten handelt es sich, wie bei Konzentrierter Aufmerksamkeit, um einen Vorgang der Wahrnehmung. Der Definition nach hält es Ihre Aufmerksamkeit im Gegenwärtigen – und zwar auf der Oberfläche, der Gedankenebene des Geistes.

Ich habe das Glück, Konzentrierte Aufmerksamkeit und Nicht-wertendes Beobachten bei den besten Lehrern gelernt zu haben. Ich weiß also aus persönlicher Anschauung, dass beide Praktiken sehr wertvoll sind. Was ich aber in den letzten 50 Jahren praktiziert habe – die Meditation, die ich am leichtesten finde und die am schnellsten mit langfristigen Erfolgen für Körper und Geist verbunden ist –, ist die dritte Art: Automatisches Transzendieren.

Zu dieser Kategorie gehört Transzendentale Meditation. Kehren wir noch einmal zu unserem Bild vom Ozean zurück: Auf der Oberfläche findet man aktive, oftmals turbulente Wellen, in der

Tiefe aber herrscht Stille. Analog nehmen wir an, dass der Geist an der Oberfläche aktiv, tief in sich aber still und doch wach ist, ruhig und gleichzeitig hellwach. Die uralten Texte zur Meditation sprechen von der »Quelle der Gedanken« oder dem »reinen Bewusstsein« – einem inneren Feld unbegrenzter Kreativität, Intelligenz und Energie. Wissenschaftler beschreiben es klinischer als »ruhevolle Wachheit«. Sie ist da. Tief innen. Genau jetzt und alle Zeit, ob Sie es glauben oder nicht. Nur: Wir haben den Zugang dazu verloren.

TM hat das Ziel, die Pforten zu diesem unbegrenzten Feld aufzustoßen. Man muss sich nicht konzentrieren oder den Geist kontrollieren, man wird nicht »geführt«, es gibt weder Suggestion noch passive Beobachtung. Stattdessen erlaubt TM dem denkenden Geist, einfach in seinem eigenen Zustand der inneren Ruhe, auf der tiefsten Bewusstseinsebene anzukommen, die tatsächlich alle Gedanken und Gefühle *transzendiert*, sie überschreitet. Es ist Ihr eigenes, stilles, inneres Selbst, noch bevor Sie denken und handeln und planen und Listen schreiben und entscheiden und grübeln und feiern. Es war schon immer da, in Ihnen. Nur geht es im ständigen Lärm und durch die Zerstreuungen des Tages verloren oder wird übertönt.

Im Kontext unseres Ozeans versuchen wir jetzt nicht, die wilden Wogen der Oberfläche zu glätten, wir versuchen auch nicht, sie einfach nur gleichmütig wahrzunehmen. Stattdessen tauchen wir in die Ruhe hinab, zum Meeresboden.

Wie ein Sprinter, der nach einem schnellen Spurt allmählich nur joggt, dann gemütlich spazieren geht, schließlich stillsteht und dann sitzt. Es ist immer derselbe Mensch, nur unterschiedlich aktiv. Das ist leicht.

EEG-Ausdrucke und Neuroimaging zeigen, dass Transzendentale Meditation die neuronalen Verbindungen zwischen den verschiedenen Gehirnbereichen und auch innerhalb des präfrontalen Cortex kräftigt. Lernfähigkeit und Entschlusskraft entwickeln sich. TM beruhigt die Amygdala, das sensible Stressalarmzentrum im

Gehirn. Das ist deshalb wichtig, weil eine aufgedrehte Amygdala Sie überreagieren lässt: bei Kleinigkeiten und bei großen Herausforderungen gleichermaßen. Oder die Amygdala lähmt Sie und lässt Sie vor neuen, eigentlich zu bewältigenden Herausforderungen zurückschrecken.

Bei der TM-Praxis verändert sich das Muster Ihrer Gehirnwellen hin zu Alpha-1 (8 bis 10 Hz), was typisch ist vor allem für das vordere Gehirn, den präfrontalen Cortex. Alpha-1 deutet darauf hin, dass das Gehirn tief entspannt ist, besinnlich und äußerst wach. TM aktiviert das sogenannte Ruhezustandsnetzwerk, ein umfassendes Netzwerk im Gehirn, das mit verbesserter Kreativität und schneller Entschlusskraft in Zusammenhang steht. Sie wirkt auch auf den *Nucleus accumbens* ein, den Teil des Gehirns, der uns belohnt und der mit Glücksgefühlen bis hin zur Euphorie in Verbindung gebracht wird. Gleichzeitig fließt mehr Blut ins Gehirn, und das deutet darauf hin, dass es mehr Nahrung erhält. Schließlich – und das ist einzigartig – findet der Körper zu einem Zustand tiefer Ruhe und Entspannung, der einhergeht mit erhöhter geistiger Wachheit. Das zeigt, dass TM mehr als nur Ruhe schenkt. Sie ruft gleichzeitig tiefe Stille und innere Wachheit hervor – oder, wie schon gesagt, einen einzigartigen Zustand ruhevoller Wachheit.

Die Erfahrung dieser ruhevollen Wachheit löst im Körper ein Zusammenspiel neurophysiologischer und biochemischer Veränderungen aus. So sinkt unter anderem der Blutdruck, die elektrodermale Aktivität geht zurück (ein Anzeichen tiefer körperlicher Ruhe), das Stresshormon Cortisol geht um 30 Prozent zurück und das Serotonin nimmt zu: derjenige Neurotransmitter (Botenstoff), der Glück und Ausgeglichenheit begleitet. All das bringt Ihr Körper automatisch zuwege, weil Ihr Gehirn auf integrierte Art und Weise arbeitet. Und das Wichtige dabei: Diese Wirkungen sind kumulativ. Die Wirkungen der Meditation halten den ganzen Tag über an, viele Stunden, nachdem Sie Ihre zwanzig Minuten absolviert haben.

Mein Freund und Schüler Dr. Peter Attia – er praktiziert in New York und in San Diego – verschreibt manchmal seinen Patienten TM. Dr. Attia war Chirurg am *Johns Hopkins Hospital* und als chirurgischer Onkologe Mitglied des *National Cancer Institute;* die besten Lipidologen, Endokrinologen, Gynäkologen, Schlafphysiologen und Anti-Aging-Experten Amerikas waren seine Mentoren. Dieser Superarzt ist vom Interesse am menschlichen Körper so durchdrungen, dass er rund um die Uhr einen Glukosemonitor trägt sowie nachts ein Gerät, das anhand seiner Herzrhythmusschwankungen seine Schlafqualität präzise bestimmt. Bei seiner Suche nach physiologischen Spitzenleistungen ist er sein eigenes Versuchskaninchen. Sein Verfahren *Attia Medical* ist seine Leidenschaft, hier konzentriert er sich auf angewandtes Anti-Aging und optimale Leistungseffizienz. Alle seine Klienten sind, jeweils auf ihrem Gebiet, Superstars: Menschen, die ständig Spitzenleistungen erbringen. Inzwischen praktizieren viele von ihnen, auf seine Anregung hin, auch TM.

»Also, ich mache in meiner Praxis immer folgenden Witz«, sagt Dr. Attia. »Ich habe ja nichts gegen einen VW, sage ich, aber einen VW aufzumotzen, das macht mir keinen Spaß. Lieber mache ich das mit einem Ferrari.« Diese Metapher beschreibt seine Patienten perfekt. »Wenn Sie Spitzenleistungen an der Grenze Ihrer Belastbarkeit vollbringen wollen, dann kommt es auf jede Kleinigkeit an«, sagt er. »Manchmal können Sie gerade unter höchster Stressbelastung Fortschritte machen, und mit Stress meine ich hier nichts Körperliches. Ich meine Stress durch Belastung, wie bei einer Maschine.«

Die meisten seiner Patienten, ob Mann oder Frau, sind »Alpha-Tiere«, die länger und härter arbeiten, immer neue Unternehmen gründen und in vielen Aufsichtsräten sitzen. Sie wollen die Welt verändern. Zwar liest man von den Herausforderungen, bei denen seine Patienten erst in Fahrt kommen, auf der Titelseite des *Wall Street Journal* – der Stress aber, dem sie ausgesetzt sind, kann für sie tödlich sein. »Es hat keinen Sinn, jemanden dadurch zu kurieren, dass wir all seine Stressoren ausschalten. Das wäre dann nur wie das Spiel ›Hau den Maulwurf‹«, meinte er. »Die klügere Strategie ist: ›Was können wir tun, damit die Art und Weise, wie wir auf Stress *reagieren*, wieder in Ordnung kommt?‹ Dafür ist Meditation ganz generell ein gutes Mittel. Meiner Meinung nach setzt TM diese Aufgabe bestmöglich um.«

Nahezu alle meine Kursteilnehmer – der Finanzmanager im unsicheren Finanzmarkt, die Mutter, die zwei Jobs hat, um über die Runden zu kommen, oder der Student, der unter dem Druck seiner Doktorarbeit leidet – berichten, immer noch mehr leisten zu müssen. Gleichzeitig will aber niemand sich zu viel Stress aufladen oder schlaflose Nächte verbringen. Meditation, richtig verstanden und durchgeführt, löst auf einen Streich beide Probleme. Sie macht das Feld der Stille, der Kreativität und der Energie für uns zugänglich. Das ist die Kraft der Stille.

Wie das Inhaltsverzeichnis Ihnen zeigt, stützt sich dieses Buch auf drei Pfeiler. Der erste erklärt Ihnen, was die TM-Technik ist, wie sie funktioniert und wo sie herkommt. Der zweite Pfeiler zeigt Ihnen, was Sie erwartet, wenn Sie die Praxis erlernen. Dabei tauchen wir auch tiefer in die medizinische und neurologische Forschung ein, die zeigt, wie TM Ihren Körper heilt, Ihre Reaktionen auf Stress verbessert und die Arbeit Ihres Gehirns optimiert.

Der dritte Pfeiler dient als Inspiration und Anleitung auf diesem Weg, damit Sie Ihr ureigenes kreatives Selbst entfalten können. In diesem dritten Teil treffen Sie Menschen aus allen Bereichen des Lebens – Geschäftsführer, Künstler, Veteranen und Studenten –, deren Leben sich durch TM verbessert hat. Ich erzähle auch von meiner eigenen Reise und wie mir die TM-Technik geholfen hat.

Schlussendlich präsentiere ich Ihnen elf *Meditative Momente*. Hier hören Sie von Menschen direkt, was man beim Meditieren erfährt und, noch wichtiger, was man anschließend im Alltag erlebt.

MEDITATIVE MOMENTE
Geheimwaffe

Orin Snyder *hat keine Angst vor dem Gewinnen. Er gilt als einer der besten Anwälte der Welt und hat sowohl Facebook als auch Bob Dylan vertreten, milliardenschwere Prozesse geführt und sich einen Ruf als »scharfer Hund« und »tödlichster Tech-Anwalt« erworben. Wir trafen uns kürzlich in seinem Büro, in der Kanzlei Gibson Dunn, im MetLife Building in Manhattan. Wir sprachen darüber, wie TM ihm half, seine Mandanten noch energischer zu vertreten.*

Ich bin zwar schon immer sportlich und aktiv gewesen, aber vor zwei Jahren begann ich noch mit dem Gewichtheben – und zur selben Zeit mit der Meditation. Ich sehe hier Gemeinsamkeiten. Stemmen Sie jeden Tag vierzig Minuten lang regelmäßig Gewichte, dann bauen Sie körperlich Muskeln auf. Diese Investition von 40 Minuten verwandelt den ganzen Körper völlig. Genauso ist das auch bei TM: Meditieren Sie zweimal am Tag zwanzig Minuten lang, dann entwickeln Sie den »Entspannungs-Muskel«, der bei den meisten von uns brachliegt.

Zu meditieren lernte ich vor allem, weil ich innerlich mehr Ruhe und weniger Sorgen haben wollte. Die Meditation hielt, was sie versprach – und hat mein persönliches Wohlbefinden tatsächlich vollständig verändert. Meine regelmäßige Meditationspraxis hat aber auch zu unerwartetem Nutzen in meinem Beruf geführt. Dank TM bin ich als Anwalt meiner Mandanten effektiver: Ich agiere weniger reaktiv und bin geistig klarer.

In allen Industriezweigen, bei allen geschäftlichen Unternehmungen kann Meditation ein echter Geheimtipp sein. Ich nenne das den Faktor X, der auch in Ihrem Berufsleben zur Transzendenz führt. Transzendenz am Arbeitsplatz heißt, dass Sie ein Gewinner sind. Ob Sie nun mit Hedgefonds handeln, als Anwalt oder als Ballerina arbeiten – TM verhilft Ihnen, die Stufenleiter Ihrer beruflichen Laufbahn höher zu klettern, weil sie Konzentration und Entschlossenheit fördert. Oft höre ich, wie Leute sagen, TM sei doch bloß was für Menschen, die sich für ein friedvolles Innenleben oder für das Gemeinschaftsleben in einer konflikt- und wettbewerbsfreien, utopischen Gesellschaft interessieren. Das ist ein Märchen. Dazu nur ein Beispiel. Ich muss beruflich oft an die Westküste fliegen – allein im letzten Jahr mehr als fünfzehn Mal. Gewöhnlich muss ich gleich nach der Landung etwas erledigen: eine Anhörung vor Gericht, eine Aufsichtsratssitzung oder eine Präsentation beim Mandanten. Natürlich bin ich dann erschöpft. Ich muss mich ja immer um viele Sachen gleichzeitig kümmern und mich konzentrieren.

Vor kurzem flog ich nach Kalifornien zu einem wichtigen Meeting. Ich stand um 4 Uhr morgens auf, um den Flieger um 6 Uhr zu erreichen, und während des Flugs arbeitete ich sieben Stunden lang intensiv an der Vorbereitung meiner Präsentation. Ich landete, die Präsentation lief glatt, dann machte ich kehrt und erwischte noch die letzte Maschine zurück nach New York. Ich war völlig ausgelaugt. Doch statt zu schlafen, bereitete ich ein Meeting vor für den nächsten Morgen. Ich schuftete, fand kaum Schlaf, und als ich wohlvorbereitet in der Morgendämmerung auf dem Kennedy-Flughafen landete, war ich ziemlich groggy.

Ich fuhr heim, duschte, rasierte mich und zog einen neuen Anzug an. In Uptown Manhattan bestieg ich ein Taxi und fuhr nach Midtown zum Meeting in mein Büro. Ich hätte auf der Stelle einschlafen können, aber ich wusste, was ich zu tun hatte: Ich musste meditieren. Ich brauchte das so dringend wie die Wüste den Regen. Zum Glück spielte der Verkehr auf der Park Avenue mit: Wir steckten im Stau. Trotz Huperei und fluchender Taxifahrer schloss ich die Augen und meditierte ganze zwanzig Minuten lang sehr tief.

Ich erinnere mich noch lebhaft an den Augenblick, als ich aus dem Taxi stieg. Ich riss auf der Park Avenue die Türen auf und fühlte mich so jung und erfrischt, dass ich völlig überrascht war. Ich hatte lange genug TM gemacht, daher war mir klar, dass ich über einen Vorrat an Ruhe verfüge, auf den ich zugreifen kann, wenn ich wieder für zwanzig Minuten nach innen gehe. Die Dividende wurde sofort ausgezahlt: Mein Körper belohnte mich mit Energie und Klarheit. Das Muskelpaket, das ich in meiner Zeit der Meditation erworben hatte, war aktiviert worden.

Ich brachte das Meeting unter Dach und Fach und fühlte mich den ganzen Tag lang erfrischt. Die zweite Meditation habe ich dann am Nachmittag gemacht, todmüde, in einem leeren Konferenzraum. Das war wichtig. Ich brauchte einen Kick, einen neuen Energieschub. Ich ging an diesem Abend nach Hause und sofort ins Bett. Aber die Meditation im Taxi, das war meine Energiequelle gewesen, sorgte für Konzentration und letztendlich für den Erfolg. Damit will ich nicht sagen, dass Sie so verrückt arbeiten müssen wie ich, um von TM zu profitieren. Transzendentale Meditation tut allen gut.

KAPITEL *Eins*

ARBEITSGRUNDLAGE

Was genau ist Transzendentale Meditation? Um TM zu definieren, beginne ich immer mit drei Adjektiven: einfach, natürlich und mühelos.

TM ist einfach, nicht weil sie simpel wäre oder nur etwas für Einsteiger in die Meditation, sondern weil diese Praxis von eleganter Einfachheit ist.

Sie ist natürlich, weil es bei ihr keine Suggestion oder Manipulation gibt.

Sie ist mühelos, weil sie keine Konzentration oder Kontrolle verlangt.

Und das ist TM nicht:

Sie ist keine Religion. Fast acht Millionen Menschen aller Religionen, selbst Menschen ohne jede religiöse Überzeugung, haben in den letzten sechzig Jahren TM erlernt.

Sie ist keine Philosophie. TM ist eine Technik, die Sie erlernen und dann alleine praktizieren, sonst nichts.

Sie stellt keine Änderung im Lebensstil dar. Haben Sie zu meditieren gelernt, müssen Sie nicht ihre Ernährungsweise umstellen und plötzlich Tofu essen (es sei denn, Sie mögen Tofu).

Und nicht zuletzt: Sie müssen an nichts glauben. Selbst wenn Sie ein hundertprozentiger Skeptiker sind, spielt das keine Rolle. Die Technik funktioniert, ob Sie daran glauben oder nicht.

TM ist auch keine erworbene Fähigkeit, bei der Sie im Laufe von Wochen oder Monaten der Praxis immer »besser« werden können. Sie meistern alles in ein paar Unterrichtsstunden, in wenigen Tagen, und dann gehört TM Ihnen, für den Rest Ihres Lebens.

Wie schon gesagt, TM wird zwanzig Minuten lang praktiziert, zweimal am Tag. Sie sitzen dabei mit geschlossenen Augen bequem und aufrecht auf einem Stuhl (oder auf Ihrem Bett oder wo es sonst bequem für Sie ist). Sie können im privaten Umfeld meditieren, aber genauso leicht im Zug, im Flugzeug oder im Auto (dann sollte aber jemand anderes fahren!). Es ist eine stille Technik, Sie nerven also niemanden, wenn Sie meditieren. Juckt es irgendwo, dann kratzen Sie sich einfach. Ich hatte einmal jemanden aus der Chefetage einer Plattenfirma als Kursteilnehmer. Als ich ihm erklärte, dass er sich während der Meditation bewegen dürfe, wurden seine Augen richtig feucht vor Erleichterung. Jahrzehntelang hatte er sich abgemüht, Meditationstechniken zu meistern, die Konzentration und Kontrolle von Körper und Geist verlangt hatten. Und er fühlte sich wie ein Versager, wenn er zu viele Gedanken hatte oder sich kratzen oder die Beine in eine angenehmere Lage bringen wollte.

Und mehr noch: Werden Sie während der Meditation schläfrig, dann kämpfen Sie nicht dagegen an. Alles ist gut. Schlafen Sie ein, wenn Sie müde sind. Das dauert gewöhnlich nur wenige Minuten. Danach erwachen Sie erfrischt und machen einfach weiter. Es zeigt nur, dass Ihr Körper mehr Ruhe braucht. Auch solche Zeiten gehören zur Meditation.

Vielleicht spielen Sie auch schon mit der Idee, mit dem Meditieren zu beginnen, aber dass Sie dabei zwanzig Minuten stillsitzen sollen, das schreckt Sie ab. Das scheint Ihnen nicht machbar zu sein. Doch, das geht. Ich habe Zehnjährige mit Aufmerksamkeits-Defizit-Hyperaktivitäts-Syndrom (ADHS) unterrichtet, die vorher keine zehn Sekunden mit geschlossenen Augen stillsitzen konnten. Und es gefiel ihnen! Wenn diese Kinder es können, können Sie es auch.

Warum halten so viele Menschen Meditation für etwas Schwieriges? Die Antwort lautet leider: Missverständnisse bezüglich der Natur unseres Geistes. Lange Zeit wurde verbreitet, Gedanken seien der Feind der Meditation – sie lenkten ab, störten und schmälerten die Wirkung – und müssten deshalb minimiert, wenn nicht gar gänzlich ausgeblendet werden.

Auch Oprah Winfrey, der ich das Meditieren beibrachte, dachte erst so. Sie meinte, sie würde sicher versagen, weil sie ihre Gedanken einfach nicht abstellen könne. Nach ihrer ersten Erfahrung mit Transzendentaler Meditation war sie sichtlich erleichtert. »Das ist sehr menschenfreundlich«, kommentierte sie die entspannte Haltung gegenüber den Gedanken während der Praxis. Oprah war so zufrieden mit ihrer Erfahrung, dass sie uns bat, all ihre 400 Mitarbeiter sowohl bei *Harpo*, ihrer Produktionsgesellschaft, als auch beim *Oprah Winfrey Network* in Meditation zu unterweisen.

Schauen wir uns nun an, wie TM grundsätzlich funktioniert.

Anders als bei anderen Meditationspraktiken sind Gedanken hier ein Teil des Prozesses: Sie müssen Ihren »Affengeist« nicht unter Kontrolle bringen, denn Ihr Geist ist gar kein Affe, der kontrolliert werden müsste. Er streift nicht nur nicht *ziellos* umher – er streift *überhaupt* nicht umher.

Maharishi gelangte zu der Einsicht, dass es die natürliche Neigung des Geistes sei, nicht etwa ziellos umherzustreifen, sondern stattdessen etwas Befriedigenderes und Angenehmeres zu suchen: mehr Wissen, mehr Glück. Diese Erkenntnis ist der Kern nicht nur der Funktionsweise der TM, sondern auch, warum sie sich von anderen Formen der Meditation unterscheidet.

Stellen Sie sich vor, Sie säßen in einem Zimmer und hörten grässliche Musik. Plötzlich ertönt aus einem anderen Raum eine sehr schöne Musik. Es ist die beste Musik, die Sie seit langem gehört haben. Wohin wohl richtet sich nun automatisch Ihre Aufmerksamkeit? Natürlich auf die tolle Musik. Sie wollen die grässliche Musik ausschalten und die schönere lauter drehen.

Oder Sie befinden sich auf einem Empfang, vor einem Abendessen, stehen in einer Ecke, hören jemandem zu, den Sie kaum kennen; er langweilt Sie mit etwas, das Sie nicht wirklich interessiert. Sie sind ganz benommen. Plötzlich hören Sie mit halbem Ohr, wie sich, kaum einen Meter entfernt, eine Gruppe angeregt über ein spannendes Thema unterhält. Sie versuchen, höflich zu bleiben, halten Blickkontakt zu Ihrem Gegenüber, aber Ihre Aufmerksamkeit wird von dem viel interessanteren Gespräch angezogen.

Oder, letztes Beispiel, Sie sind im Urlaub und haben zwei Bücher dabei. Ein Buch langweilt Sie so sehr, dass Sie über die erste Seite nicht hinauskommen. Das andere Buch packt Sie so, dass Sie stundenlang lesen und gar nicht merken, wie die Zeit vergeht.

Diese drei vertrauten Erfahrungen haben eines gemeinsam: Ihr Geist wird wie von selbst auf das Zufriedenstellendere gelenkt. Kein Abwägen, kein intellektuelles Verhandeln, kein Erörtern der Vor- und Nachteile ist nötig, etwa, welche Musik Ihnen denn nun besser gefällt. Ist die Musik toll, wird Ihr Geist ganz von selbst davon angezogen.

Bei seiner unablässigen Suche nach Befriedigung und Glück wird der Geist mittels der Sinne nach außen gezogen, in die Umgebung. Sie suchen einen neuen Film aus, ein neues Restaurant oder einen Urlaubsort. Sie kaufen neue Kleider oder treffen sich mit einem neuen Freund. In diesen Fällen entspringt das Glück einer Erfahrung im Außen. Es ist schön, es ist angenehm – so lange es anhält. Doch es ist flüchtig, es vergeht. Der Urlaub geht zu Ende, der Film endet, der Freund geht nach Hause. Und unweigerlich schauen Sie wieder nach außen und suchen das nächste »Glück«.

Es gibt nun aber ein Feld der Zufriedenheit und des Glücks, das sich nicht bewegt, das nicht flüchtig ist und das alles »Äußere« überbietet. Und das finden Sie an der ruhigsten, tiefsten Stelle des denkenden Geistes. Transzendentale Meditation baut die Brücke zwischen Oberfläche und Tiefe. Sie benutzt dazu die natürliche

Neigung des Geistes, etwas Befriedigenderes zu suchen, und lenkt die Aufmerksamkeit nach innen. Augenblicklich, automatisch und mühelos wird Ihr Geist nach innen gezogen. Der aktive, denkende Geist kommt auf der Ebene des Bewusstseins zur Ruhe, die für ihn am befriedigendsten ist. Das ist die Erfahrung des »Inneren«, wie sie von den Meditationsexperten aller Epochen so sehr gepriesen wird.

Wie gelangt man dorthin? Durch ein *Mantra*, ein Wort (einen Klang), das als Fahrzeug dient und den Prozess des stillen Zur-Ruhe-Kommens von der Oberfläche in die Tiefe, vom Lärm zur Ruhe unterstützt. Das Mantra selbst ist kein Träger von Bedeutung; und aus den alten Schriften zur Meditation weiß man, dass es positiv und lebensfördernd wirkt. Sein Zweck liegt darin, dem Geist einen mühelosen Zugang zu dieser inneren Ruhe zu ermöglichen.

Wie bekommen Sie bei Transzendentaler Meditation Ihr Mantra? Genauso wie in den letzten 5000 Jahren, von einem besonders ausgebildeten Lehrer. Er oder sie gibt Ihnen Ihr Mantra und erklärt Ihnen dann, wie Sie es richtig gebrauchen: natürlich und mühelos –, ohne Konzentration oder Kontrolle des Geistes. Sie erlernen die subtilen Mechanismen, wie Sie die Aufmerksamkeit Ihres »Ich-muss-ich-muss«-Geistes nach innen lenken, sodass Sie automatisch beginnen, zur Ruhe zu kommen. Sie transzendieren, Sie tauchen in die Stille ein. Des Weiteren lernen Sie, wie Sie mit dem steten Strom von Gedanken umgehen, mit Geräuschen von außen, mit Schläfrigkeit, mit dem Wunsch, sich zu kratzen, und vieles mehr. Ihr Lehrer ist bei Ihnen und nur bei Ihnen, sodass er jede Ihrer möglichen Fragen beantworten kann.

»Wieso brauche ich einen Lehrer?« Diese Frage hörte ich oft. »Warum kann ich es nicht alleine versuchen?« Dazu eine Geschichte. Als 12-jähriger Junge besuchte ich im Sommer ein Pfadfinderlager in den High Sierra Mountains in Kalifornien. An einem brütend heißen Julimorgen unternahmen wir einen 30-Kilometer-Marsch, bei dem wir zu fantastischen Ausblicken in die Berge, durch Felslandschaften und dichte Wälder gelangten. Uns führte ein älterer Pfadfinder, er hieß (ich erinnere mich noch ganz genau) Bruce Wagner. Er war diese Strecke im Laufe der Zeit schon sehr oft gewandert. Bruce kannte jede Biegung, jede Weggabelung, jeden Felsen und jeden Bach. Fast flogen wir die 30 Kilometer. Es war eine Herausforderung, aber es machte Spaß und war letztendlich zutiefst befriedigend. Wenn ich heute daran zurückdenke, frage ich mich, ob ich das alleine geschafft hätte. Vielleicht, auch wenn ich mich daran erinnere, dass die Wegweiser zuweilen ganz schön in die Irre führen konnten. Ich weiß jedoch, dass Bruce uns jeden einzelnen Schritt des Weges geleitet hatte. Er war enorm hilfreich gewesen, ein großartiger Lehrer.

Lehrer, die unseren Kindern Mathematik, Schwimmen oder Klavierspielen beibringen, sollen gut ausgebildet sein. Gleiches gilt für den Arzt, der unsere Krankheiten diagnostiziert und die Medikamente verschreibt. Warum nicht auch der Lehrer, der uns bei unserer Meditationspraxis anleitet? Auch er muss gut ausgebildet sein, nicht nur, damit er uns helfen kann, wenn wir lernen, sondern auch dann, wenn wir später Fragen haben, die es zu beantworten gilt, oder wenn wir unsere Kenntnisse im Laufe des Lebens auffrischen wollen.

Wie schon gesagt, bin ich seit 45 Jahren Lehrer. Ich habe Tausende unterrichtet, darunter auch jede Menge Skeptiker. Jeder, der zum Lernen kommt, ist einzigartig. Jeder bringt seine ureigenen Lebenserfahrungen mit, seine Zweifel, Fragen, sein Lerntempo usw. Ich wundere mich immer wieder über die Präzision und Effektivität der Lernschritte, mit denen die Meditation gelehrt wird. Und wie einfach es fällt, die Technik zu praktizieren, sobald sie richtig erlernt worden ist. Tatsächlich höre ich fast immer, wenn ich jemandem das Meditieren beigebracht habe: »Ja, Sie hatten zwar gesagt, es sei mühelos, aber so einfach habe ich es mir nicht vorgestellt!«

Wie einfach TM zu erlernen ist, belegt eine Studie aus dem Jahr 2017, die herausfand, dass Menschen, die TM erst einen Monat lang praktizierten, dieselbe Häufigkeit transzendenter Erfahrungen meldeten wie Menschen, die bereits seit fünf Jahren meditierten.[1] Ob Sie also Anfänger oder erfahrener TM-Praktizierender sind: Zu transzendieren, das Geplapper des Geistes hinter sich zu lassen und in die zunehmend stilleren, subtileren Ebenen des Denkens einzutauchen – das gehört bei dieser Praxis ganz natürlich dazu. Transzendieren zu können ist nicht etwa eine Fähigkeit, die man sich mit viel Fleiß und Mühe erwerben müsste. Anstrengung ist hier überhaupt gar nicht notwendig.

So funktioniert Transzendentale Meditation

1. Der Geist hat unterschiedliche Ebenen: Die Oberflächenebenen des denkenden Geistes sind aktiv, oft aufgewühlt und manchmal erhitzt, die tieferen Schichten ruhiger und ausgedehnter. Von Natur aus ist die tiefste Ebene die erfüllendste.
2. Es ist die Natur des Geistes, von den Ebenen größerer Befriedigung mühelos angezogen zu werden.
3. TM lenkt die Aufmerksamkeit nach innen. Mittels des richtigen Gebrauchs eines Mantras kommt der Geist ganz natürlich und mühelos zur Ruhe, im Zustand seines eigenen, stillen, friedvollen und transzendenten Bewusstseins.
4. Diese Erfahrung erzeugt einen einzigartigen Zustand ruhevoller Wachheit. Von hier nehmen die neurophysiologischen Veränderungen von Geist, Körper und Verhalten ihren Ausgang.

»Wer war dieser Maharishi Mahesh Yogi?«, fragen mich Journalisten oft. Wie brachte ein Mönch mit Physikstudium, der abgeschieden im Himalaya lebte, in den 1950er- und 1960er-Jahren die Meditation zu Millionen Menschen, damals, als die Vorstellung des Meditierens noch auf Ablehnung stieß? Kurz gefasst lautet die Geschichte wie folgt:

Nach seinem Abschluss des Physikstudiums an der indischen *Allahabad University* erhielt Maharishi 1941 die seltene Chance, knapp dreizehn Jahre lang eng mit seinem Lehrer Brahmananda Saraswati, auch bekannt als Guru Dev, zusammenzuarbeiten und bei ihm zu lernen. Zu seiner Zeit galt Guru Dev als der bedeutendste Bewusstseinsforscher der Vedischen Tradition. Nach Guru Devs Hinscheiden zog sich Maharishi 1953 in die indische Kleinstadt Uttarkashi, am Fuße des Himalaya, zurück. Er verbrachte dort zwei Jahre in Stille und lebte einsam am Ufer des Ganges. 1955 begann er, allein auf Reisen zu gehen und die von seinem Lehrer erlernte Meditationstechnik weiterzugeben – die ihrerseits seit Jahrtausenden von einem großen Meditationsmeister zum nächsten tradiert worden war.

In dieser indischen Anfangszeit traf Maharishis Botschaft – dass nämlich die Meditation leicht sei, mühelos und nicht religiös und dass sie allen zur Verfügung stehen sollte – bei manchen Menschen auf Widerstand, vor allem bei denjenigen, für die Meditation eine elitäre Praxis war, die ganz besondere Disziplin erforderte, harte Arbeit und jahrzehntelange Entbehrungen, bis man diese geheimnisvolle Fähigkeit zu meistern vermochte.

Im Gegensatz dazu meinte Maharishi, Meditation sei das Geburtsrecht eines jeden. Man braucht kein Asket zu sein, keine bunten Roben zu tragen, nicht starr in festgelegten Posen zu sitzen oder sich auf eine bestimmte Weise zu ernähren, um die Praxis zu meistern und ihre Früchte zu genießen. Gleichgültig, aus welcher Gesellschaftsschicht oder Kaste man stammt – meditieren kann man auf jeden Fall. Gibt es dieses Feld der Stille tief im Geist, dann gibt es das für alle, ganz gleich, welche Schulbildung man erhalten hat, welche Religion, welches Glaubenssystem, Alter, welchen Beruf oder Lebensstil man hat.

Maharishi befreite die Meditation von all diesen Missverständnissen und brachte in die Lehre der Technik seine wissenschaftliche Sicht ein. Bald nachdem er im Januar 1959 zum ersten Mal in die Vereinigten Staaten kam, traf Maharishi auf Wissenschaftler und drängte sie, die neurophysiologischen Wirkungen der Transzendentalen Meditation zu untersuchen. Er betonte stets, dass TM, wie jede andere anerkannte Medizin oder Behandlungsmethode, sich auf wissenschaftlich belegbare, positive Wirkungen berufen sollte. Die ersten klinischen Tests fanden 1968 an der *Harvard Medical School* und der *UCLA Medical School* statt und wurden 1970 in der Fachzeitschrift *Science* und 1972 im Magazin *Scientific American* veröffentlicht. In der Harvard-Studie untersuchten Forscher unter Leitung des Physiologen Dr. Robert Keith Wallace die einzigartigen Veränderungen der Gehirnwellenmuster während der TM und korrelierten sie mit einer Verminderung des Stoffwechsels. Dr. Wallace und seine Mitarbeiter schlugen vor, diesen meditativen Zustand als »vierten Hauptbewusstseinszustand« zu bezeichnen, deutlich unterscheidbar vom Wachzustand, Tiefschlaf und Traum. Diese ersten beiden Studien öffneten der TM-Forschung Tür und Tor und führten zudem zur verstärkten Erforschung auch anderer Meditationstechniken.

In dieser Zeit zeichnete die Boulevardpresse ein Bild von Maharishi, das wenig Ähnlichkeit mit dem Mann hatte, mit dem ich mehr als vierzig Jahre lang zusammenarbeiten durfte. In den 1960er-Jahren war ein Mönch mit langen Haaren, der einen weißen *Dhoti* trug, noch etwas Besonderes. Die Presse nahm ihn zum ersten Mal im August 1967 wahr, als Maharishi einen Vortrag im Hilton Hotel in London gab. Drei junge Männer kamen dorthin, und ihnen folgte eine riesige Schar Reporter. Es handelte sich um drei Viertel der Beatles: Paul McCartney, John Lennon und George Harrison. (Ringo Starr war bei seinem neugeborenen Sohn Jason.) Am nächsten Tag brachte Maharishi allen vier Beatles in einem Kurs in Wales das Meditieren bei. Sie haben dann ihr ganzes Leben lang meditiert.

In einem Interview mit dem Journalisten David Frost beschrieb George Harrison mit all seiner Sprachkraft seine Erfahrungen mit

TM: »Es geht darum, die subtilste Ebene des Denkens zu transzendieren. Das Mantra wird feiner und immer subtiler, bis man schließlich sogar das Mantra selbst transzendiert. Dann befindet man sich auf der Ebene des reinen Bewusstseins. Hat man diesen Punkt erreicht«, fuhr George fort, »ist man tief versunken und jenseits normaler Erfahrung. Diese Ebene ist zeitlos, raumlos und jenseits des Ichs. Du weißt also nicht einmal, wie lange du dort warst. Du kommst damit in Berührung, und dann kehrst du zur groben Ebene zurück, auf unsere Ebene.«

George Harrison beschrieb, was die uralten Meditationstexte aller Kulturen seit Jahrtausenden lobpreisen: die Transzendenz.

Diese beiden Fragen werden mir oft gestellt: Wie unterscheidet sich Transzendentale Meditation von »normaler« Meditation? Und was bedeutet das Wort *transzendental* in Transzendentaler Meditation? Beginnen wir mit der ersten Frage. *Meditation* bedeutet Denken. Unterschiedliche Meditationsarten setzen also unterschiedliche Techniken des Denkens ein. Wie bereits gesagt: Es gibt ein Denken, das den Geist konzentriert und unter Kontrolle hält (Konzentrierte Aufmerksamkeit); ein Denken, das den Geist in der Gegenwart hält (Nicht-wertendes Beobachten) und ein Denken, das dem Geist erlaubt, die innere Stille zu erreichen, sprich: zu transzendieren (Automatisches Transzendieren).

Was also bedeutet *transzendental*? Was ist Transzendenz?

Für manche klingt *Transzendenz* eigenartig – fast mystisch oder jenseitig. Das Wörterbuch *Merriam-Webster's Collegiate Dictionary* definiert Transzendenz als das, was »die Grenzen der herkömmlichen Erfahrung erweitert oder überschreitet«.

In Wahrheit ist das überhaupt nicht eigenartig. Wir suchen immerzu nach Transzendenz – wann immer wir Grenzen überschreiten, wann immer wir Grenzen austesten. Wir wollen schneller laufen, höher springen, mehr lernen, mehr verdienen, mehr sehen, mehr fühlen. Wir lieben den Alltag, er kann uns aber im Laufe der Zeit erdrücken, anöden. Wir wollen Veränderung. Wir brechen mal in großen, mal in kleinen Schritten aus unseren

Komfortzonen aus. Wir nehmen eine neue Stelle an, die uns mehr fordert und die kreativer ist. Wir tun etwas, was wir noch nie gemacht haben, schließen uns einer Theatergruppe an oder einem Spinnkurs. Wir machen Urlaub an exotischen Orten. Wir testen neue Restaurants, neue regionale Küchen. Wir tun etwas, was das Gewöhnliche außergewöhnlich macht. Wir fühlen uns elektrisiert, lebendig, voller Kraft. Doch das hält nur kurz an, denn gemeinhin wird das Außergewöhnliche recht bald schon wieder normal. Wir sehnen uns nach Transzendenz, die aber nicht einfach dadurch zustande kommt, dass wir unseren Alltag auf der horizontalen Ebene verändern, etwa indem wir eine Woge auf dem Ozean gegen eine andere austauschen. Echte Transzendenz greift viel tiefer. Sie ist vertikal. Sie reicht über die Wellen *hinaus*, greift auf die unbegrenzte Stille zu, die tief im Inneren liegt. Erfahren Sie diese reine Stille in sich, am Ursprung des Denkens, und sei es auch nur für einen Augenblick, dann vergessen Sie das Ihr Leben lang nicht mehr.

Spitzensportler sprechen davon, »in der Zone« zu sein. Der Lärm der Zuschauermassen, der Druck, der auf dem Spieler lastet, all das verschwindet für den Stürmer, der den Ball ins gegnerische Feld treibt, für den Hochspringer, der Anlauf nimmt, für den Marathonläufer kurz vor dem Ziel. Es gibt für diese Menschen nur noch das Spiel, den Wettkampf an sich, in stiller Zeitlupe – eine nahtlose Folge makelloser Ereignisse in der Zeit.

Die Tennislegende Billie Jean King beschrieb ihre Erfahrung der »Zone« anschaulich in ihrer Autobiografie *Billie Jean*. »Ich spüre fast körperlich, wie es auf mich zukommt«, schrieb sie. »Gewöhnlich passiert das an jenen Tagen, an denen alles richtig läuft; ich habe viele begeisterte Zuschauer und kann mich perfekt konzentrieren. Mir ist dann fast, als lasse ich den Tumult des Tennisplatzes hinter mir und bewegte mich hin zu einem Ort umfassender Ruhe und des Friedens. Ich weiß bei jedem Schlag, wo der Ball gerade ist, und er wirkt stets so groß und deutlich, als wäre er ein Basketball. Ein großes Etwas, das ich nicht einmal dann verfehlen könnte, wenn ich das wollte. Ich kontrolliere das gesamte Spiel. Mein Rhythmus, meine Bewegungen, alles stimmt haargenau und befindet sich in vollkommenem Gleichgewicht. Es ist die perfekte Kombination aus leidenschaftlichem Tun in einer Atmosphäre völliger Stille ... Und wenn das geschieht, würde ich das Spiel am liebsten unterbrechen, mir ein Mikrophon schnappen und allen laut zurufen: ›Das ist es, worum es wirklich geht!‹«

Jedoch nicht nur Spitzensportler, auch Neurochirurgen, Rechtsanwälte, Lehrer und Hausfrauen können Transzendenz erfahren. Das kann, mehr oder weniger, jedem passieren. Etwa, wenn Sie zum ersten Mal Ihr Neugeborenes auf dem Arm halten und die Zeit plötzlich stillsteht. Oder wenn Sie sich Ihrem geliebten Partner ganz nahe fühlen und mit ihm einen Augenblick der Zeitlosigkeit erleben. Das Kind im Hinterhof erlebt es, das Basketball spielt und plötzlich, wenn niemand zusieht, zehn unmögliche Körbe wirft: *wusch, wusch, wusch.* Oder wenn einem Autor, der gegen eine Blockade ankämpft, die Worte plötzlich nur so zufliegen und sich Seite um Seite füllt.

Das sind kurze Einblicke in die »Zone«, in die Transzendenz. Es handelt sich um ganz unterschiedliche Erfahrungen bei ganz unterschiedlichen Gelegenheiten, aber allen gemein ist die Verbindung aus Handlung und vollkommener Stille – mühelos, zeitlos und viel befriedigender als alles andere. Am wichtigsten ist, dass es innen beginnt. Sie nehmen diese Augenblicke wahr, weil sie so voller Bedeutung und so unbeschreiblich erfüllend sind.

Einige der bedeutendsten Dichter vermochten solche Augenblicke zu schildern. Die größtmögliche Annäherung habe ich in William Wordsworths Gedicht »Verse, verfasst ein paar Meilen oberhalb von Tintern Abbey« (in der deutschen Übertragung von Dietrich H. Fischer) gefunden:

Es ist die heitere, beglückte Stimmung,
wo liebende Gefühle sanft uns leiten,
bis dass der Atem und selbst unsres Bluts
Bewegung aufgehoben fast und wir
als Körper gleichsam sind in Schlaf versetzt
und werden eine Seele, die da lebt,
wo mit den Augen, die zur Ruh' die Macht
der Harmonie und Freude hat gebracht,
wir schauen in das Herz der Dinge.

Für uns jedoch, die wir keine Dichter sind, ist es eine Herausforderung, Transzendenz mit Worten zu umschreiben. Wie fühlt sie sich an? Das ist so, als wolle man das Glücksgefühl mit Worten schildern, oder jemandem, der noch nie eine Kiwi gegessen hat, ihren Geschmack erklären. »Nein, wie eine Orange schmeckt sie eigentlich nicht, auch nicht wie ein Pfirsich oder eine Erdbeere ...« Sie können versuchen zu erklären, was sie ist: »Also, das hellgrüne Fruchtfleisch ist irgendwie saftig und süß, und die Samenkörner darin, die spürt man auch.« Sie schaffen es aber nie, die Erfahrung in Worten herüberzubringen. Man muss es selbst erleben.

Die Technik der Transzendentalen Meditation hat viele Ziele: Stressabbau, einen klareren Kopf, erhöhte Leistungskraft. Aber vor allem dient sie der Erfahrung der Transzendenz. Und das nicht als etwas ganz Außergewöhnliches, ein- oder zweimal im Leben, sondern immer dann, wenn Sie es wollen, täglich, unter welchen Umständen auch immer. Fühlt es sich jedes Mal so an wie bei Billie Jean King oder William Wordsworth? Natürlich nicht. Manchmal greift die Erfahrung bei der Meditation äußerst tief und ist tiefsinnig, oft wirkt sie ganz alltäglich. Jedes Mal aber, wenn Sie meditieren, kommt Ihr Geist zur Ruhe und findet zu Ebenen, die tiefer, stiller, ruhiger und befriedigender sind – selbst wenn Ihr Geist vorher voller Gedanken war. Wenn Sie dieser Praxis folgen, dann wird die Gelassenheit, die Sie während der

Meditation erfahren, in immer größerem Maße jeden einzelnen Augenblick Ihres Lebens durchdringen. Und das wiederum ist eine sehr gute Beschreibung dessen, was mit der »Zone« gemeint ist.

MEDITATIVE MOMENTE
Ich liebe die Kraft

Jerry Seinfeld begann mit TM 1972, im Alter von 18 Jahren. 2009 trafen wir uns zum ersten Mal hinter der Bühne in der Radio City Music Hall *anlässlich eines Benefizkonzertes für die* David Lynch Foundation. *Wir sammelten Spenden, um weltweit eine Million gefährdeten Teenagern Meditation zu lehren. Wir hatten gleich einen guten Draht und blieben Freunde. Jahre später war ich dann in seinem Haus auf Long Island und brachte seiner Familie das Meditieren bei.*

Eines Tages saßen wir alle in der Küche, und Jerry erzählte mir, dass er immer nachmittags meditierte. Ich fragte nach seiner Morgenmeditation. Verblüfft sah er mich an und meinte, er meditiere immer nur einmal am Tag. Aber clever, wie er ist, wurde ihm plötzlich klar, dass er so vielleicht nur den halben Nutzen aus seiner Praxis zog – vielleicht noch weniger. In seinem einzigartigen Seinfeld-Stil berichtete er mir vor kurzem, was die Verdoppelung seiner Dosis bewirkt hatte.

Ich hatte schon recht bald mit der morgendlichen TM aufgehört, weil ich nicht verstand, welchen Wert es hatte, aufzustehen ... um sich gleich wieder auszuruhen. Ich begriff das einfach nicht: raus aus dem Bett, dann gleich meditieren und noch einmal ausruhen. Mit meiner Nachmittagsmeditation war ich aber ganz regelmäßig.

Dann begann ich mit der Fernsehserie, die nach mir benannt war, in der ich gleichzeitig Hauptdarsteller, Produzent und Drehbuchautor war. Ich castete und produzierte neun Jahre lang zwischen 22 und 24 Episoden pro Staffel für das öffentliche Fernsehen. Das ist jede Menge Arbeit, und ich bin auch nur ein Mensch. Also keiner von diesen Freaks, die ständig und überall unter Strom stehen.

Ein ganz normaler Mensch, aber die Situation, in der ich mich befand, war alles andere als normal. So meditierte ich jeden Tag, wenn alle anderen ihr Mittagessen einnahmen. Dann ging es wieder an die Arbeit, ich aß erst später. Nur so habe ich diese neun Jahre überstanden. Die zwanzig Minuten TM mitten am Tag haben mir das Leben gerettet.

Natürlich hat jeder ein hartes Leben und einen harten Job; wenn aber eine Sendung nach dir benannt wird, ist der Druck schon extrem. Die Serie wurde ein Erfolg, jeder erwartete, dass die nächste Folge besser würde als die letzte. Ich genoss jede Sekunde, und doch war es viel Arbeit und viel Druck. Ohne TM hätte ich das nie geschafft. Doch wohlgemerkt: Ich habe nur einmal am Tag meditiert.

Nachdem du mich an die Morgenmeditation erinnert hattest, veränderte sich alles. Ich bin jetzt 63 Jahre alt und habe kleine Kinder – und ich funktioniere dank TM auf einem Niveau, das ich zuvor bei jemandem meines Alters für unmöglich gehalten hatte. Ich stehe morgens um 6 Uhr auf und meditiere, bevor die Kids aus dem Bett krabbeln und zum Frühstück kommen. Ich mag es, ihnen zuzusehen, wie sie ihr Müsli essen und ihnen dabei die Milch übers Kinn läuft.

Wenn ich Leuten erzähle, dass ich meditiere, wollen sie wissen, wie sich das anfühlt. Es fühlt sich nach gar nichts an. Ich begreife es selbst nicht, aber ich merke den Unterschied:

Mittags um eins bin ich nicht mehr erledigt. Ich knalle nicht mehr mit dem Kopf auf den Schreibtisch, wie das früher der Fall gewesen war. Das Schreiben ist für einen Komiker die Hauptarbeit, und Schreiben laugt wirklich aus. Früher bin ich beim Schreiben richtig weggenickt, musste mich aufs Sofa legen und ein Schläfchen machen. Jetzt fühle ich mich mittags immer noch gut, dank meiner Morgenmeditation Stunden zuvor. Ich gleite einfach nur so durch den Tag. Die zweite TM mache ich dann um drei oder vier Uhr nachmittags.

Leider gibt es für jemanden, der sein ganzes Leben lang meditierte, keine Kontrollgruppe. Was wäre passiert, wenn ich nicht meditiert hätte? Ich weiß aber, dass ich besser bin, wenn ich mich nicht ausgelaugt fühle. Energie liebe ich. Ich will sie und ich hole sie mir. Deshalb bin ich wohl auch ein so großer Fan der TM.

Und ich weiß noch was: Hätte ich schon damals zweimal am Tag meditiert, dann gäbe es die Serie *Seinfeld* noch immer.

KAPITEL *Zwei*

ERSTER TAG
Den Prozess beginnen

Fangen wir an. Die Technik der Transzendentalen Meditation wird an vier aufeinanderfolgenden Tagen unterrichtet, etwa 90 Minuten pro Tag. Was geschieht in diesen vier Lektionen?

Zuerst entscheiden Sie sich, zu lernen (weil Sie dieses Buch gelesen und/oder sich in einem TM-Center vor Ort oder online informiert haben). Vor dem ersten Schritt, Ihrer persönlichen Unterweisung, unterhalten Sie sich ein paar Minuten lang mit einem TM-Lehrer, der Ihre Fragen zur Praxis beantwortet. Damit sich der Lehrer besser auf Ihre Unterweisung vorbereiten kann, füllen Sie einen einseitigen »Interviewbogen« aus. Es handelt sich um einfache Fragen: Warum Sie TM lernen wollen, Ihre generelle Stimmung und Ihr Gesundheitszustand, ob Sie nachts gut schlafen und ob Sie bereits Erfahrung mit anderen Formen der Meditation gemacht haben. Ihre Antworten auf diese Fragen unterstützen den Lehrer dabei, seine Unterweisung auf Sie persönlich zuzuschneiden.

Bei dieser ersten Begegnung wird Ihr Lehrer mit Ihnen auch über die Tradition der großen Meditationslehrer sprechen, die über Jahrtausende das Wissen um die Transzendenz bewahrt haben, und über die traditionelle Weise, mit der heute die TM-

Lehrer dieser Überlieferung Respekt erweisen. Vor der Unterweisung führt der Lehrer eine einfache Dankeszeremonie durch – eine althergebrachte Art und Weise, den Lehrern gegenüber Dankbarkeit auszudrücken. Das ist eine sehr schöne kulturelle Tradition und keineswegs religiös. Auch erinnert sie den Lehrer daran, die Stufen der Unterweisung unverfälscht zu lassen und an ihnen nichts zu verändern, damit auch jene, die in Zukunft TM erlernen, größtmöglichen Nutzen daraus ziehen können. Sie müssen natürlich nicht dabei mitmachen; Sie schauen einfach nur zu. Zum Dank werden ein paar Blumen verwendet, etwas frisches Obst, eine Kerze, Räucherstäbchen sowie, stellvertretend für die Tradition der Meditationslehrer, ein Bild des Lehrers von Maharishi, Guru Dev.

Ich selbst habe Hunderte unterrichtet, die überzeugte Gläubige ihrer jeweiligen Religion waren. Beschreibe ich diese Zeremonie, fürchten manche, sie sei religiös. Erkläre ich dann aber den Zweck dahinter, dann wissen sie es zu schätzen. Es ist ja heutzutage selten geworden, auf solche Art seinen Lehrer zu ehren. Doch ganz aus der Welt ist es wiederum nicht. Ein Kardiologe, der bei mir lernte, meinte, es sei dem Hippokratischen Eid ähnlich, den er schwor, als er Arzt wurde. Ich unterwies auch einmal einen stramm aufgestellten Offizier, der die Zeremonie besonders anrührend fand. Sie erinnerte ihn an die Ehrenzeremonien, an denen er als junger Kadett in der Militärakademie teilgenommen hatte. Manche Kursteilnehmer lesen etwas in die Dankeszeremonie hinein. Einer fragte mich kürzlich, warum an diesem Tag weiße Tulpen benutzt worden waren. »Die waren die frischesten im Laden«, antwortete ich lächelnd. So einfach ist das.

Sind all Ihre Fragen zu Ihrer Zufriedenheit beantwortet, führt man Sie in ein kleineres Zimmer, ähnlich dem Sprechzimmer eines Arztes. Sie sitzen Ihrem Lehrer gegenüber bequem auf einem Stuhl. Es ist dort ruhig und still, es gibt weder Musik noch anderen unnötigen Schnickschnack.

Nachdem Ihr Lehrer gegenüber der Tradition seinen Dank ausgedrückt hat, gibt er oder sie Ihnen Ihr Mantra. Dessen einziger Zweck ist es, Fahrzeug zur Transzendenz zu sein – es ermöglicht Ihrem beschäftigten, aktiven Geist, auf seiner tiefsten Ebene, der Quelle der Gedanken, zur Ruhe zu kommen.

Es ist wichtig, dass das Mantra selbst keine Bedeutung hat. Warum? Würde es etwas bedeuten, dann würden Sie an der oberflächlichen »Ich-muss-ich-muss-ich-muss«-Ebene des Geistes festkleben. Sie würden nur versuchen, die verschiedenen Bedeutungen dieses Wortes auszuloten. Dabei beruhigen Sie sich aber nicht, Sie transzendieren nicht, Sie meditieren nicht.

Des Weiteren hat das Mantra eine bewährt positive Wirkung. Warum? Jeder Klang, ob positiv oder negativ, wirkt sich stark auf das Gehirn und das übrige Nervensystem aus. Erinnern Sie sich an das Geräusch, wenn Fingernägel über eine Tafel kratzen? Grässlich! Als TM-Lehrer will ich natürlich sicherstellen, dass das Mantra, das Sie beim Meditieren benutzen, nur positive und lebensbejahende Auswirkungen auf Ihren Geist und Körper hat – sowohl an der Oberfläche des Denkens wie auch in den tieferen, mächtigeren Ebenen des Geistes. Die Mantras sind seit Jahrtausenden erprobt, die Wirkungen in Hunderten wissenschaftlicher Untersuchungen bestätigt. Beides belegt, dass TM sicher ist und Ihnen gut tut. Es hat nie irgendeine Studie gegeben, die in einer wissenschaftlich begutachteten Fachzeitschrift veröffentlicht worden wäre und von irgendwelchen negativen Wirkungen berichtet hätte. Es gab immer nur positive.

Die Menschen, die ich unterrichte, wollen natürlich wissen, nach welchen Kriterien ich ein Mantra auswähle. Ich vergleiche diese Auswahl immer mit einem Arzt, der darauf spezialisiert ist, Blutgruppen zu bestimmen: ob jemand Blutgruppe A, B oder 0 hat. Bei TM gründet die Entscheidung für das passende Mantra auf drei Kriterien: (1) den Informationen auf dem Formular, das Sie ausgefüllt haben, (2) dem persönlichen Gespräch mit dem TM-Lehrer und (3) der umfassenden, zertifizierten Ausbildung Ihres

TM-Lehrers. All das stellt sicher, dass Sie das für Sie am besten geeignete Mantra erhalten. Danach, und das ist äußerst wichtig, lernen Sie, wie Sie es richtig gebrauchen.

Die Übergabe des Mantras ist nur ein Teil des Unterrichts. Sie dauert nur wenige Minuten. Die übrige Unterweisung an diesem und den darauffolgenden drei Tagen zielt auf das Erlernen der Meditation ab – wie Sie das Mantra richtig einsetzen, ohne Mühe, Konzentration oder Kontrolle. Manche, die von TM hören, denken vorschnell: »Na gut, her mit dem Mantra, den Rest finde ich schon selbst heraus.« Das geht an der Sache vorbei. Das Mantra ist keine Pille, die man schluckt. Das Mantra allein bewirkt gar nichts. Selbst wenn Sie das tollste Auto der Welt besäßen – ohne zu wissen, wie man es fährt, kommen Sie nirgendwo an. Sie brauchen beides: ein Auto *und* den Fahrunterricht.

Ein weit verbreitetes Missverständnis über das Mantra ist, dass man es fortwährend wiederholen müsse, um die Gedanken zu vertreiben. Das hat mit Transzendentaler Meditation nichts zu tun. Bei TM dient das Mantra als Fahrzeug, den Geist zum Ursprung des Denkens zu führen. Das Erlernen des richtigen Gebrauchs des Mantras ist eine einfache und dennoch höchst individuelle Erfahrung. Sie lernen, wie Sie Zugang finden zu dem tiefsten Kern Ihres Seins. Der Lehrer arbeitet in der ersten Stunde gemeinsam mit Ihnen und nur mit Ihnen. Es gibt so manches Hin und Her, viele Fragen und Antworten, und dann »klickt« es plötzlich. Ja, Sie werden es lernen, selbst wenn Sie glauben, Sie wären der einzige Mensch auf der Welt, der es nicht kann.

Wie fühlt es sich an, wenn man meditiert? Körperlich ist es sehr entspannend. Geistig beruhigt es und macht gleichzeitig wach – und es befriedigt. Viele Leute berichten mir, dass die Zeit schnell vergeht. Die Redensart »Geht's dir gut, vergeht die Zeit im Flug« trifft es genau. Gewöhnlich müssen die Menschen zweimal überlegen, wenn man fragt, wie lange sie meditiert haben. »Es fühlte sich an wie fünf Minuten«, sagen sie.

Häufig kommt die Frage: Wie soll ich sitzen? Die Antwort lautet: bequem. Wie bereits gesagt, gibt es keine spezielle Sitzhaltung, keine besondere Handstellung. Sie wollen die Beine ausstrecken oder in der Meditation die Sitzposition wechseln? Tun Sie es. Sie brauchen auch keinen besonderen Stuhl. In meinem Büro sitzen die Kursteilnehmer auf Klappstühlen, Sesseln oder auf dem Sofa. Nehmen Sie den Stuhl, der ihnen gefällt – was gerade da ist. Glauben Sie mir: Früher oder später meditieren Sie im Taxi, im Zug oder im Flugzeug. Das geht prima. Ich habe sogar schon im New Yorker Yankee-Stadion meditiert. Da kamen zwei Sachen zusammen, die ich liebe: Meditation und Baseball. Lärm hält nicht vom Transzendieren ab.

Sie lernen auch einfache Tipps kennen, die selbstverständlich scheinen, es aber nicht sind. Zum Beispiel: »Stellen Sie beim Meditieren Ihr Handy ab.« Oder: »Wenn Sie einen Espresso getrunken oder eine Bratwurst gegessen haben, dann meditieren Sie nicht direkt danach.« (Das ist nur logisch: Koffein oder die Verdauung der Bratwurst, beides erhöht den Stoffwechsel; wenn Sie aber meditieren, will Ihr Körper ausruhen. Und zwar *tief*. Ich weiß das. Ich habe beides versucht, und es funktioniert nicht so gut.)

Diese erste Privatstunde mit dem Lehrer klärt den Mechanismus, damit Sie sich mit der Praxis vollkommen wohl fühlen und aus Ihrer zwanzigminütigen Meditation das Maximum herausholen. Dann gehen Sie nach Hause, um am nächsten Tag mehr zu erfahren.

MEDITATIVE MOMENTE
Wellness für den Geist

Donna Rockwell *ist eine äußerst vielseitige Frau: eine klinische Psychologin und Achtsamkeitslehrerin, die ihre Laufbahn als Produzentin und als Reporterin beim damals noch jungen Sender CNN begann. Sie erlernte vor kurzem TM, als Ergänzung zu ihrer bereits seit zwanzig Jahren praktizierten Achtsamkeit. Ich fragte nach ihrer Meinung zu beiden Verfahren. Wir unterhielten uns, nachdem sie einige Monate lang TM praktiziert hatte.*

Der Beginn meiner Achtsamkeits-Praxis war der Besuch eines Lehrers, der seit langem die Shambhala-Meditation praktizierte. Er gab mir Anweisungen zur Achtsamkeits-Meditation; ich sollte mit ihm fünf Minuten lang sitzen. Nach dreißig Sekunden glaubte ich, mir platze der Kopf. Ich konnte es einfach nicht. Ich begriff, wie sehr ich doch ein Workaholic-Typ bin. Dass ich nicht im Geringsten zur Ruhe kam, verstörte mich so, dass ich es wissen wollte: Fortan widmete ich mich ganz der Praxis der Meditation.

Für mich war Achtsamkeit wie ein Trainingslager. Der Neigung meines Geistes, abzuschweifen, sollten Zügel angelegt werden. Sie merken, wie der Geist abschweift und bringen ihn, wenn auch sanft, zurück. Man sagt, der Geist sei wie ein wildes Pferd, das andauernd bockt, in einem viel zu engen Gehege. Das Ziel von Achtsamkeit ist, die Koppel zu vergrößern und eine weite, offene Weide zu schaffen, in der man den Geist darin trainiert, immer wieder zurückzukommen zum jeweiligen Moment. Nach zwanzig Jahren Achtsamkeits-Praxis gelingt es mir nun mehr, im »Hier und Jetzt« zu sein:

dank all der vielen Stunden, Tage und Wochenenden, in denen ich nur dasaß und auf einen Punkt auf dem Boden geschaut hatte. Es gelingt mir jetzt mehr, den präfrontalen Kortex meines Gehirns zu aktivieren und mir bewusst zu werden, wenn ich in eine Amygdala-Situation hineinrutsche.

Während Achtsamkeit meiner Meinung nach »Geistestraining« ist, ist TM eher so, als wenn man seinen Geist in ein Heilbad schickt. Vom allerersten Mal an fühlte es sich so an, als lege sich mein Gehirn in ein wunderbar warmes Bad. Mein Gehirn beruhigt sich und findet zurück in einen Zustand der Homöostase, des Gleichgewichts. Und dann, nach zwanzig Minuten, kehre ich in mein Leben zurück: erfüllt mit mehr Frieden und Wohlsein.

Wenn man zu einem Achtsamkeits-Retreat geht, sitzt man vierzig Minuten da; dann geht man zehn Minuten spazieren. Dann wieder vierzig Minuten sitzen, und wieder zehn Minuten gehen. Wieder vierzig Minuten sitzen, wieder aufstehen. Und während all dessen das Wahrnehmen der umherwandernden Gedanken, und immer wieder zurückkehren zum momentanen Augenblick. Wie ich sagte: Trainingslager.

TM sagt: »Du hast all die Jahre so hart daran gearbeitet, ein erleuchteterer Mensch zu sein. Hier ist jetzt eine Meditationspraxis, bei der Du einfach nur zwanzig Minuten lang zu sitzen brauchst und ganz natürlich erfrischt herauskommst. Einfach, weil Du Deinem Geist erlaubst, zur Ruhe zu kommen.« Natürlich, man denkt sein Mantra. Aber man muss sich dabei nicht anstrengen. Dein Geist geht dorthin, wo er hingehen will: zu etwas Befriedigenderem. Und dann, nach den zwanzig Minuten dieses geistigen Heilbads, kehre ich in meinen Alltag zurück, bin revitalisiert und bereit für das, was auf mich wartet.

ZWEITER TAG
Die richtige Praxis

Meist findet der zweite Unterweisungstag, wie dann auch die beiden darauffolgenden Lektionen, in Kleingruppen statt, gemeinsam mit denen, die ebenfalls am Tag zuvor das Meditieren erlernt haben. Jetzt kann man sich über das austauschen, was man beim Meditieren erlebt hat, entweder zu Hause oder bei der Arbeit. Es nützt Ihrer Praxis, wenn Sie mit anderen sprechen, die ebenfalls das Meditieren lernen. Diese Stunden werden im örtlichen TM-Zentrum abgehalten oder, wenn die Ausbildung Teil eines Wellness-Programms Ihrer Schule oder Ihres Arbeitgebers ist, dort.

Nun hat Ihr Lehrer Gelegenheit, Ihnen noch einmal die richtigen Mechanismen der TM-Praxis ins Gedächtnis zu rufen: wie Sie Ihren Geist weder kontrollieren noch sich konzentrieren – was Sie vielleicht in anderen Meditationskursen immer wieder gehört haben. In dieser Lektion geht es um Bestätigung. Der Prozess ist so natürlich, so mühelos, dass er vielen als zu einfach vorkommt, um wahr zu sein. Das kann sogar zu Zweifeln führen. Oft sagen die Leute als erstes: »Das ist toll. Und so einfach. Mache ich es überhaupt richtig?« Ja, das tun Sie. Es ist so einfach.

Ich erinnere alle daran, dass jede Meditationssitzung anders ist, weil Ihr Körper jedes Mal, wenn Sie sich zum Meditieren hinsetzen, sich in einer anderen Verfassung befindet. Ob Sie in diesen Anfangstagen richtig meditieren, erkennen Sie daran, dass es (1) leicht geht, Sie (2) während der Praxis eine tiefe Entspannung bemerken und Sie sich (3) danach besser fühlen. Es ist kein Feuerwerk, aber dennoch wird die kumulierende Wirkung Ihr Leben beträchtlich verändern.

Des Weiteren erläutert der Lehrer in diesen Stunden die feineren Details der Praxis. Er ermutigt Sie, zweimal am Tag zu meditieren. Die erste Meditation erfolgt am Morgen, noch vor dem Frühstück. Sie erlaubt den langsamen Gehirnwellen des Schlafmodus, sich ganz natürlich auf die schnelleren, wacheren und geordneteren Alpha-1-Wellen der tiefen Meditation umzustellen. Die Morgenmeditation verleiht Ihnen Energie und Belastbarkeit, damit der Tag Sie weniger stresst.

Die zweite Meditation wird am besten am späten Nachmittag oder frühen Abend durchgeführt, idealerweise vor dem Abendessen. Sie schütteln viel von dem Stress ab, der sich im Körper im Laufe des Tages angesammelt hat, sodass es Ihnen abends besser gelingt, für die Menschen, die Sie lieben, präsent zu sein. Es ist allerdings nicht gut, direkt vor dem Schlafengehen zu meditieren. TM erzeugt zwar einen tiefen Zustand der Ruhe, sie schenkt aber auch viel Energie. Es ist also gut möglich, dass Sie nicht einschlafen können, wenn Sie zu spät meditieren.

Oft werde ich gefragt, woher man denn weiß, wann die zwanzig Minuten der Meditation vorbei sind. Dann sage ich meist lächelnd: »Dafür gibt es eine Uhr!« Sie sind ja nicht hypnotisiert oder weggetreten. Sie werden nur körperlich wie geistig ruhig, bleiben aber innerlich hellwach. Viele Leute merken innerhalb von wenigen Tagen, nachdem sie TM erlernt haben, dass ihre innere Uhr fast auf die Minute genau weiß, wann die zwanzig Minuten verstrichen sind. Wie immer Sie das regeln, bitte benutzen Sie keinen Wecker. Der kann sehr irritieren. Und außerdem müssen Sie ihn dann auch noch ausschalten.

Oft werde ich auch gefragt: »Was, wenn ich dabei einschlafe?« Ich antworte: »Gut, dann schlafen Sie.« Schlafen Sie bei der Meditation ein, ist das gesund, es revitalisiert. Sie schlafen bloß ein oder zwei Minuten. Und es ist auch kein oberflächliches Wegnicken – es ist eine tiefe Ruhe, die den Körper heilt und verjüngt.

...

Ich kenne viele ehrgeizige Männer und Frauen, die fast trotzig erklären: »Aber ich liebe doch den Stress. Ich könnte gar nicht ohne!« Sie haben sich an diesen Druck so sehr gewöhnt, dass sie der Ansicht sind, sie kämen ohne ihn gar nicht mehr aus. Ja, Sie verhandeln vielleicht gerne hart und schlagen für Ihre Kunden das Beste heraus, aber den Spannungskopfschmerz, der damit einhergeht, den mögen Sie dann schon weniger. Ebenso wenig nachts die schlaflosen Stunden, wenn Sie Ihr Gehirn nicht abstellen können, und auch nicht den Mangel an Aufmerksamkeit für Ihre Familie.

Diese Probleme – einige davon sind nur nervend, andere ein Zeichen für tiefgreifende Störungen – können nach einiger Zeit Ihre Leistung und Ihre Gesundheit deutlich beeinträchtigen. Meditation bedeutet nicht, dass alle unerwarteten Herausforderungen und Hindernisse aus Ihrem Leben verschwinden. Sie bedeutet vielmehr, dass Sie diesen Herausforderungen mit mehr Energie, konzentrierter und belastbarer begegnen können. Sie spüren den Stress weniger, und dennoch fahren Sie für Ihre Kunden und sich selbst Erfolge ein.

Nehmen wir als Beispiel meinen Freund Rick Goings, seit 1992 Vorstandsvorsitzender der *Tupperware Brands Corporation*. Er ist Veteran, war in Vietnam Unteroffizier der Marine. Mit Anfang Siebzig wirkt er noch immer unglaublich jugendlich. Rick ist der Letzte, den man als passiv bezeichnen würde. Und er meditiert jeden Tag. »Meinen Leuten sage ich immer, dass sie es selbst in der Hand haben, wie sie auf das Leben zugehen. Man ist entweder ein Krieger oder ein Opfer – und natürlich spielen viele Leute lieber das Opfer. ›Ich Armer, alles ist so schlimm ...‹«

Rick erklärte mir, Transzendentale Meditation mache ihn gegenüber Rückschlägen widerstandsfähiger. »Es passieren nun mal schlimme Sachen«, meinte er. »Das Zauberwort ist: Verantwortung übernehmen. Das ist gar nicht so schwer. Es zeigt nur, dass man fähig ist, auf Situationen zu reagieren, die sich der eigenen Kontrolle entziehen. Kennen Sie die Bereitschaftsstellung im Sport? TM hält mich in ständiger Bereitschaftsstellung – fürs Leben.«

Ein anderer meiner Kursteilnehmer, Bill Koenigsberg, ist Gründer und Vorstandsvorsitzender von *Horizon Media*, des größten und am schnellsten wachsenden privaten Mediendienstleisters der Welt. Die Agentur gründete er 1989, das Unternehmen gilt als einer der Top-Arbeitsplätze im Business. Bill ist der Einzige, der *zweimal* den prestigeträchtigen *Advertising Age Media Maven Award* gewonnen hat. Seit seinem 14. Lebensjahr macht er Geschäfte; damals managte er Tennisplätze. (Dort hat er sich auch seinen allerersten Werbevertrag ausgedacht: Er warb auf dem Tennisplatz für ein nahegelegenes Restaurant und erhielt im Gegenzug freie Kost.) Er ist ein wunderbarer und großzügiger Mensch, *und* er ist äußerst umtriebig. Er gehörte zu denen, die glauben, sie hätten zum Meditieren keine Zeit.

»Ich war extrem skeptisch«, erzählte er mir. »Zwanzig Minuten, zweimal am Tag, sieben Tage die Woche, zweiundfünfzig Wochen im Jahr? Wie soll ich das schaffen? Woher um alles in der Welt nehme ich mir die Zeit?«

Aber er ging die Herausforderung an und verschaffte sich Zeit, indem er zwanzig Minuten früher aufstand. Nach drei Jahren Praxis meint er nun: »Es gehört jetzt zu meinem Alltag. Ich kann es im Auto, ich kann es im Flugzeug machen. Ich schließe zwanzig Minuten lang meine Bürotür und meditiere. Und wenn ich es einmal nicht tue, fühle ich mich, als hätte ich was Wichtiges verpasst.«

Soweit zu dem Privatmenschen Bill. Im Geschäftsleben aber sind Beziehungen alles. Am Anfang seiner Meditationspraxis, erinnert er sich, erzählte die Leiterin der Personalabteilung von *Horizon* ihrem Chef, wie positiv er sich durch TM verändert habe. »Sie sind so viel ruhiger geworden«, habe sie gesagt, »so viel geduldiger, präsenter, weniger aufbrausend, und Sie wirken deutlich ausgeglichener und sind dort, wo Sie sich durchsetzen, rücksichtsvoller. Ihre Meditation nützt uns allen.«

Das habe ihm gezeigt, dass er sich verändert hatte. »Für besonders aggressiv hielt ich mich ja nun nicht gerade, aber vermutlich brachte sie das, was sich in dieser kurzen Zeit bei mir verändert hatte, auf den Punkt.« Bill beeindrucken diese Ergebnisse so sehr, dass er nun auch seinen Angestellten TM anbieten will.

Für Marilyn Frobuccino wiederum steht es außer Frage, dass man sich Zeit fürs Meditieren nehmen muss. Für sie ist es eine Notwendigkeit. Als Küchenchefin leitete sie in New York mehrere preisgekrönte Restaurants, auch im *Soho Grand Hotel* und bei *JPMorgan Chase & Co.* in Manhattan war sie Chefköchin. Marilyn, die seit zwei Jahren TM praktiziert, arbeitet nun als Privatköchin – ein unglaublich fordernder, zeitintensiver Job. »Als Privatköchin bereite ich jede Woche einundzwanzig unterschiedliche Menüs zu«, erklärt sie. »Da muss man äußerst flexibel sein und sich ständig auf unterschiedliche Zeitpläne und Ernährungsgewohnheiten einstellen.«

Das fordert nicht nur, es ist zudem stressig. »Unterschwellig war da immer eine gewisse Angst bezüglich meines Berufs«, meint sie. »Ich musste nicht nur Menüs kreieren und stand im Wettbewerb mit anderen Köchen, ich musste mich auch als Frau in dieser Branche täglich bewähren. Ob mir ein Hotelmanager gegenüberstand, ein Vertreter einer Nahrungs- oder Getränkefirma oder ein Restaurantmanager – Stress, Angst und Konkurrenzdruck waren immer da. Seitdem ich meditiere, schaffe ich alles viel besser. Ich muss ja auch, denn ich weiß, dass der Stress sich sonst ansammelt. Wenn er nicht raus darf, wird er nur größer.«

...

Ich weiß, wie es in der Arbeitswelt zugeht. Der Tag ist so voll, dass man sein Essen am Schreibtisch oder während eines Meetings zu sich nimmt. Einige dieser Vielbeschäftigten kenne ich persönlich. Und alle finden einen Weg zu ihren zwanzig Minuten morgens und nachmittags. Vielleicht nicht immer, aber doch fast immer. Morgens stehen sie einfach zwanzig Minuten früher auf. Meditation verjüngt, mehr als der Schlaf, deshalb ist das kein Problem. (Außerdem hat man besser geschlafen, sodass zwanzig Minuten weniger Schlaf auch nicht so schwierig sind.) Nachmittags tragen viele meiner Bekannten die Meditation einfach als festen Termin in ihren Kalender ein, so wie ein wichtiges Gespräch. Bietet Ihnen Ihr Büro oder Ihr Zuhause nicht die richtige Umgebung für die Meditation, gehen Sie einfach nach draußen an einen öffentlichen Ort, eine Parkbank etwa oder in eine Kirche. Denken Sie daran, es muss nicht völlig ruhig sein, damit Sie meditieren können. Sie können es so gut wie überall tun.

Es sind aber nicht nur die Anforderungen der Arbeit, weshalb viele Leute fürchten, nicht zweimal am Tag meditieren zu können. Auch zu Hause gibt es Anforderungen. Eltern, die kleine Kinder haben, fragen sich, ob es realistisch ist, sich dafür zweimal am Tag frei zu nehmen. Wenn Sie jungen Eltern sagen, sie sollten einfach zwanzig Minuten früher aufstehen, dann verdrehen sie die Augen und sagen, dass die Kinder dann möglicherweise ebenfalls früher aufwachen. Für einige sind die Abende eine Herausforderung, weil Eltern darauf geeicht sind, jede freie Minute mit ihren Kindern zu verbringen. Ja, ich verstehe all diese Schwierigkeiten, und doch ist Meditation lebenswichtig, also sollte man sein Bestes versuchen. Nehmen sich Eltern die Zeit zu meditieren, vermitteln sie ihren Kindern die Botschaft, dass einige Minuten des Ausruhens und des Kraftholens an einem geschäftigen Tag kein Luxus sind, sondern eine Grundvoraussetzung für eine gesunde und produktive Lebensführung. Sie machen Meditation in ihrem

Leben zur Priorität – eine Lektion, die ihre Kinder mit ins Leben nehmen.

Höre ich von Eltern, »die Zeit habe ich nicht; meine Kinder lassen das nicht zu«, denke ich an Katherine, eine alleinerziehende Mutter, die ich vor Jahren kennenlernte.

»Klar, meine zwanzig Minuten Morgenmeditation schaffe ich, wenn die Kinder noch schlafen«, erzählte sie mir. »Aber bei der Arbeit kann ich nicht meditieren, und die Busfahrt nach Hause ist zu kurz. Also frage ich mich, wie ich das am Abend hinkriegen soll. Wie soll ich ihre Hausaufgaben kontrollieren, kochen, mit ihnen über ihren Tag reden, für sie da sein – *und* noch meditieren? Schon mein Zähneputzen ist Multitasking.«

»Lassen Sie uns in zwei Wochen noch einmal darüber reden«, meinte ich.

Zwei Wochen vergingen, und tatsächlich rief mich Katherine an.

»Ich mache es jetzt zweimal täglich«, erklärte sie stolz.

»Wie kommt's?«

Sie lachte. »Meine Kinder! Wenn ich nach Hause komme und sie wegen der Hausaufgaben oder dem Essen anblaffe, dann werde ich gefragt: ›Mami, hast du schon meditiert?‹ Denn die Kinder wissen inzwischen: Wenn sie mir die Zeit geben, dann kriegen sie ›ihre Mami‹ zurück – nicht die gestresste Mutter, sondern die geduldige, liebevolle Mami, die für sie da ist.«

Das stimmt. Es ist kein Egoismus, wenn man meditiert, es geht auch nicht darum, dass die Kinder »Mami jetzt mal zwanzig Minuten in Ruhe lassen«. Die Kinder kriegen dadurch ja eine Mutter, die den Frust und die Erschöpfung des Tages abgeschüttelt hat. Sie erhalten einen verbesserten Elternteil, der nicht nur deshalb für sie da ist, weil es eben ein Posten auf der To-Do-Liste ist. Und sie haben ein Vorbild der Selbstfürsorge und der Belastbarkeit.

Denn die Welt ist so, wie Sie sind. Sind Sie gestresst, angespannt, ausgelaugt, von Sorgen zerfressen, dann wirkt sich das auf alle Ihre Beziehungen zu Hause und am Arbeitsplatz aus –

das heißt, Sie sind dann gereizter und unzufriedener. Sind Sie aber innerlich stark und mit sich selbst im Reinen und können viel geben, dann erwarten Sie nicht, dass Ihr Partner oder Ihre Kinder Sie fortwährend glücklich machen. Sie kommen nicht gereizt nach Hause oder gehen so zur Arbeit. Nicht die Amygdala, das kampfbereite Stammhirn, steuert Ihr Denken in einer Verhandlung. Sie treffen Ihre Entscheidungen mit einem gesunden Gehirn.

Maharishi drückte es so aus:

> Hat ein Mensch sein Potenzial voll entwickelt, genießt er Freundschaften, Beziehungen und Ehe voll und ganz. ... Der Schlüssel zu guten Beziehungen ist deshalb, auf unser eigenes Selbst zu achten. Wir meditieren und nutzen dadurch mehr und mehr unseres Potenzials, und irgendwann nutzen wir dann unser volles Potenzial, und Herz und Geist sind vollständig entwickelt. Und mit solch einem vollständig entwickelten Herzen und Geist genießen wir alle Beziehungen, da wir den anderen nun unser Maximum geben können.

MEDITATIVE MOMENTE
Zeit für Ihr Selbst

Den außerordentlich talentierten **Hugh Jackman** *und seine nicht minder ungewöhnliche Frau Deborra-Lee Furness lernte ich kennen, als ich ihren Sohn Oscar in TM unterwies. Dieser interessierte sich schon sehr früh für Meditation. Ich begann, ihn Yogi Oscar zu nennen, so beängstigend klug ist er. Als er zwölf Jahre alt war, führten wir lange Gespräche über Anthropologie, Geschichte, Religion und Philosophie – und ich konnte dabei kaum mithalten.*

Hugh hatte an seiner australischen Schauspielschule zu meditieren gelernt, er und seine Frau Deborra-Lee lernten es bei mir neu. »Ich gehöre zu denen, die glauben, dass man allzeit bereit sein sollte, zu lernen«, sagte mir Hugh. »TM hilft mir wirklich.«

Ich gehöre zu denen, die fleißig sind und diszipliniert. Viele versteifen sich darauf, unbedingt zweimal am Tag meditieren zu müssen. Ich bin da nicht so pingelig, aber unterschwellig blieb immer so ein leises Pflichtgefühl: »Es tut mir gut. Ich sollte es tun. Ich muss meditieren.« Eigentlich ist das ja genau das, was man mit dem Meditieren ablegen will: dieses »Ich-muss«-Denken. »Ich muss meditieren. Ich muss aufwachen, damit ich meditieren kann.« Als ich bei Bob lernte, verschwand das völlig. Die Vorstellung, mich am Riemen reißen zu müssen oder dass ich mich ärgerte, wenn ich dabei einschlief oder dass mir ständig Gedanken durch den Kopf spuken – dieses andauernde Beurteilen hörte völlig auf. In meinem Job kann man sich leicht an einen ziemlich hohen Stresspegel gewöhnen. Man weiß nie genau, was im nächsten Monat oder im nächsten Jahr auf einen zukommt. Egal, wie lange man das schon macht: Jede neue Rolle, jeder neue Job, ob man moderiert oder schauspielert, im Film oder im Theater, immer bleibt ein Risiko, das uns Angst macht und zu Stress führen kann. Das hat auch sein Gutes, denn für die Kreativität ist es gesund, ein Gespür für das Unbekannte zu entwickeln, für das ganz Neue, das man ausprobiert. Es lockt Sachen aus dir hervor, die dich selber überraschen. Aber ich merkte, dass ich mit dem Stress nur schwer klarkam. Meist fraß ich ihn in mich hinein. Meine Frau sagte immer, wenn ich etwas erledigt hatte, das mich nervös gemacht hatte: »Oh, wie schön, jetzt habe ich meinen Mann zurück.« Ich war nicht wirklich da gewesen. Je nach Job war ein großer oder ein kleinerer Teil meines Geistes nur bei der Arbeit gewesen. Der beste Weg für mich, damit umzugehen, war die Meditation.

Natürlich habe ich meditiert, bevor ich die Oscar-Verleihung moderierte. Ich meditiere, bevor ich die Bühne betrete. Am Set meditiere ich morgens und mittags. Das ist wie ein Neustart. Ich behaupte nicht, ich hätte keine Angst mehr oder keinen Stress, aber mir gefällt das Bild mit dem Glas Wasser. Gießt man ein, ist es trüb. Bist du gestresst, sieht dein Geist irgendwie trüb aus. Habe ich meditiert, sinkt alles zu Boden und das Wasser wird klar, die Energie ist feiner, die Entscheidungen, die man trifft, sind authentischer. Ich glaube, man haushaltet besser mit seinen Energien, mit seiner Zeit, mit allem. Man kann anderen besser zuhören, und das ist für einen Schauspieler sehr wichtig. Ich habe ja nur wenige Hilfsmittel, aber präsent und klar zu sein und zuhören zu können, das gehört dazu.

Wenn ich meditiere, verbinde ich mich mit meinem wahren Selbst, diesem ruhigen, friedvollen, glückseligen, grenzenlosen Selbst. Ich kann mich dann mit Gewinn in jede Situation einbringen. Steige ich aus einem Auto und betrete einen roten Teppich und dreitausend Leute jubeln mir zu, dann verbinde ich mich tief in mir mit ihrem stillen, inneren Selbst. Das heißt jetzt nicht, dass ich mich nicht begeistern könnte, das Leben nicht genieße und nicht auch manchmal durchdrehe. Ich habe Spaß, und doch ist da immer dieser leise Gedanke im Hinterkopf: »Hier herrscht Trubel, aber in Wirklichkeit ist alles still.« So hilft mir die Meditation. Es ist egal, in welcher Lage ich mich gerade befinde. Die Leute sagen immer: »Du bleibst immer so schön auf dem Teppich.« Nein, nicht immer. Aber den Blick für das, was real und wirklich ist, den schärft die Meditation.

DRITTER TAG
Erfolg ohne Stress

Am dritten Unterrichtstag spreche ich darüber, wie sich Stress auf das Leben auswirkt und auf welche Weise die TM-Technik verhindern kann, dass sich Stress weiter ansammelt.

Ob Sie es glauben oder nicht – aber nicht immer war Stress unser Feind. Das mag unglaubwürdig klingen, nach allem, was ich gerade über die Gefahren von Stress gesagt habe. Aber während des Großteils der 200 000-jährigen Geschichte der Menschheit gehörten die Reaktionen auf Stress zu den wichtigsten Überlebensmechanismen des Körpers.

Gehen wir kurz zurück in die Vergangenheit. Unsere Vorfahren lebten schon als Jäger in den Savannen Afrikas. Ein gewöhnlicher Tag, sie streiften durchs Gras – und standen plötzlich einem Löwen gegenüber. Ohne bewusst darüber nachzudenken, gingen sie entweder in die Hocke und griffen zum Speer, oder sie machten kehrt und rannten um ihr Leben.

Deshalb besitzen wir nach wie vor diesen Kampf-oder-Flucht-Reflex. Wenn man damals einen Löwen sah oder ihn brüllen hörte, wurde diese Information unmittelbar zur Amygdala geleitet, ein kleines Paar mandelförmiger Nervenzentren in der Tiefe des Gehirns. Die Amygdala reagiert mit einer Art Feueralarm, der dem Körper signalisiert, dass er angegriffen wird. Ist ein Mensch gestresst, werden blitzschnell zwei Hormone – die chemischen Botenstoffe Cortisol und Adrenalin – in die Blutbahn ausgeschüttet.

Bei dem heutigen Ausmaß von Stress und Angst kann bereits das Kind, das einen Aufstand macht, weil es nicht zur Schule gehen will, zum »Löwen in der Savanne« werden. Oder der Verkehrsstau vor einem wichtigen Termin, die Matheprüfung morgen früh oder der ältere Patient, der an fortgeschrittenem Alzheimer leidet. Wenn Sie solche Erfahrungen häufig und immer wieder machen, dann sagen Sie vermutlich: »Ich bin gestresst.«

Es ist nicht leicht zu sagen, was uns jeweils auf die Palme bringt. Ich kenne eine Frau, eine Hauptsolistin in einem der angesehensten Opernhäuser der Welt. Ich meinte zu ihr, Nacht für Nacht in einer so gewaltigen Konzerthalle vor Tausenden von Leuten aufzutreten, müsse doch ziemlich stressig sein. Sie aber antwortete: »Ach, das ist doch einfach. Was mich wirklich fertig macht, ist die Zugfahrt dorthin.«

Das Leben ist gespickt mit Aufgaben, Herausforderungen und Krankheiten. Sie kommen von außen auf uns zu; ausweichen können wir ihnen nicht. Die Wissenschaft spricht von Stressoren: finanzielle Stressoren, familiäre Stressoren, berufliche Stressoren, gesellschaftliche Stressoren. Sie können versuchen, mit solchen Stressoren umzugehen oder sie zu minimieren, tatsächlich aber können Sie ihnen nicht aus dem Weg gehen. Und heute, so scheint es, haben wir über die meisten von ihnen kaum noch oder keine Kontrolle mehr.

Das Grundproblem liegt darin, wie wir auf Stressoren *reagieren*. Die Wissenschaftler sprechen von Belastungsreaktion oder Stressantwort. Sind wir ausgeglichen, können klar denken und befinden uns im Vollbesitz unserer Kraft, dann gehen wir Stressoren frontal an. Danach fühlen wir uns gut, kraftvoll, zufrieden und bereit für die nächste Herausforderung. Haben wir aber nicht gut geschlafen, haben Konzentrationsprobleme und es geht uns nicht gut, dann fühlen wir uns überfordert. Wir sind gestresst.

Forscher haben herausgefunden, dass Stress uns von drei verschiedenen Seiten her angreift. Auf der muskulären oder strukturellen Ebene sind wir angespannt. Spannung wirkt sich auf unterschiedliche Menschen unterschiedlich aus. Manche haben Spannungskopfschmerz, einen steifen Hals, verkrampfte Schultern; oder ihr Kiefer verspannt sich und sie knirschen nachts mit den Zähnen. Es kann zu Magendruck kommen oder zu Rückenschmerzen; die Blutgefäße verengen sich und lassen weniger Sauerstoff zu Gehirn und Herz durch, was das Risiko eines Schlaganfalls oder eines Herzinfarkts vergrößert – und derlei Dinge mehr.

Auf der kognitiven Ebene führt ein verminderter Blutzufluss zum Gehirn zu Ausfällen der elektrischen Aktivität. Wichtige Regionen des Gehirns sind dann unterversorgt. Stress kann insbesondere den *präfrontalen Cortex* ausschalten, der wie eine Art Vorstandsvorsitzender des Gehirns funktioniert. Der präfrontale Cortex hat in etwa die Größe einer Faust und sitzt direkt hinter der Stirn. Sämtliche Informationen über die Außenwelt, die ihn aus anderen Regionen des Gehirns erreichen, nimmt er auf – motorische, sensorische und so weiter. So unterstützt er Sie bei Ihren jeweils nächsten Entscheidungen. Der präfrontale Cortex steuert die Durchführung: Urteil, Problemlösung, ethische Entscheidung, Selbsteinschätzung. (Anmerkung: Bei Teenagern ist der präfrontale Cortex noch nicht hinreichend mit den anderen Gehirnregionen vernetzt. Die Verbindungen zwischen dem präfrontalen Cortex und dem übrigen Gehirn bilden sich erst Mitte oder Ende zwanzig vollständig aus, manchmal sogar noch später im Leben. Das ist der Grund, warum Teenager die Folgen riskanter Verhaltensweisen oft noch nicht richtig einschätzen. Vielleicht deshalb darf man in den USA erst mit 26 ein Auto mieten!)

Ist der Manager offline, übernimmt die Amygdala das Kommando über das Gehirn. Das ist sehr hilfreich, wenn man von einem Löwen angegriffen wird. Die Amygdala ist das »Kampf-oder-Flucht-Zentrum« des Gehirns, sozusagen die Notfallzentrale. Dreht aber die Amygdala durch, nur weil Sie in einem Stau stecken, dann ist das nicht so gut.

Kann man den präfrontalen Cortex mit dem ruhigen, rationalen, kreativen und einsichtigen Vorstandsvorsitzenden vergleichen, so ist die Amygdala eher die hyperaktive Hilfspolizistin. Ihr Schlagstock sitzt locker. Krise, Bedrohung, Dringliches, darum kümmert sie sich. Sie sagt »ja« zu sofortiger Reaktion, zu Schlag und Gegenschlag. Sie sagt »nein« zu langfristiger Planung, zum Erkennen des Gesamtbildes, zum Innehalten und Nachdenken. In der Stellenbeschreibung der Amygdala kommen Voraussicht und Mitleid nicht vor.

Bei chronischem Stress wird die Angstreaktion zum Dauerzustand. Entscheiden Sie dann noch adäquat? Urteilen Sie noch angemessen? Lösen Sie Probleme? Planen Sie umsichtig? Natürlich nicht. Mit der hyperaktiven, aufgeregten Amygdala überreagieren Sie praktisch jedes Mal. Sie können nicht klar denken, die Erinnerungsfähigkeit ist eingeschränkt, Sie werden häufiger krank, Sie sind einfach nicht »Sie selbst«.

Als dritte Komponente regt unsere Stressreaktion die Nebenniere zu übermäßiger Produktion von Cortisol an, dem sogenannten Stresshormon. Das macht uns ängstlich, die Nebennieren schütten noch mehr Cortisol aus, wir werden noch ängstlicher. Der Stress verwandelt unseren Körper in eine wandelnde Cortisol-Fabrik. Erhöhtes Cortisol zerstört gesunde Muskeln und Knochen, verlangsamt die Genesung und gewöhnliche Zellregeneration, verbraucht biochemische Stoffe, die eigentlich zum Aufbau anderer, lebenswichtiger Hormone gedacht sind. Verdauung, Stoffwechsel und unsere geistigen Funktionen werden beeinträchtigt und das Immunsystem wird geschwächt.

Cortisol wirkt sich auch auf grundlegende Funktionen aus, etwa auf das Gedächtnis. Deshalb fällt Ihnen beim Bewerbungsgespräch der Name Ihres Gegenübers plötzlich nicht mehr ein. Oder Sie müssen vor einer Verabredung die Adresse dreimal nachsehen. Zudem regt Cortisol den Appetit an, wodurch Sie natürlich zunehmen. Und Cortisol beeinträchtigt auch Ihren Schlaf. Es unterdrückt im Körper die Produktion des Hormons Melatonin, das für den Schlafzyklus wichtig ist. Gestörter Schlaf aber kann tödlich sein.

Der Arbeitspsychologe Cary Cooper, ein führender Experte für Stress am Arbeitsplatz, meinte in einem Interview, Stress sei die Schwarze Pest des 21. Jahrhunderts. Bei vielen Menschen kann die moderne Medizin den Stress weder verhindern noch seine Folgen kurieren.

Norman Rosenthal, Professor der Psychiatrie an der *Georgetown University School of Medicine* und Forscher im Bereich der Medizin, ist Autor der Bücher *Winter Blues: Everything You Need to Know to Beat Seasonal Affective Disorder* und *Super Mind: How to Boost Performance and Live a Richer und Happier Life Through Transcendental Meditation*. Seit zwanzig Jahren leitet er Forschungsgruppen am *National Institute of Mental Health*, als Erster beschrieb er die *Seasonal Affective Disorder* (SAD, populär: Winterdepression) und verschrieb Lichttherapie als Behandlungsmethode. Dr. Rosenthal praktiziert seit neun Jahren TM, in seine Arztpraxis kommen Menschen aus allen Schichten, mit ganz unterschiedlichen Problemen. Aber eine Sorge plagt alle: Stress. Wie er sich auswirkt auf ihr Leben. Der Kampf, damit klarzukommen. Die Suche nach wirkungsvollen Gegenmitteln.

»Als ich entdeckt hatte, wie gut mir TM tut«, erklärte mir Dr. Rosenthal, »empfahl ich sie meinen Patienten und Klienten. Viele davon praktizieren sie nun regelmäßig. In fast vierzig Jahren als Psychiater hat sich die Transzendentale Meditation als eine der stärksten und effektivsten Techniken der Stressreduktion erwiesen, die ich je kennengelernt habe.«

...

An dieser Stelle möchte ich kurz unterbrechen und auf die vielen bahnbrechenden Forschungen hinweisen, die den einzigartigen und tiefgreifenden Nutzen von TM auf Stress und für die Gesundheit belegen.

Jeder weiß, dass Herzinfarkt und Schlaganfall zwei der häufigsten Todesursachen in den Industrienationen sind. Häufig sind diese beiden Krankheitsbilder das Ergebnis stressbedingter arterieller Veränderungen. Arterien sind die Adern, über die das Herz sauerstoffhaltiges Blut zu den Körpergeweben pumpt. Sind die Arterienwände beschädigt oder verengt – wie etwa bei der Arteriosklerose –, lassen sie nicht mehr ausreichend Blut durch. Man spricht dann von einem Herzinfarkt oder einem Schlaganfall. Beides lässt Sie entweder behindert zurück – oder tötet Sie.

Hinzu kommt, dass bei anhaltendem Stress der Blutdruck selbst noch im Ruhezustand erhöht ist. Weil keine Warnsignale einen erhöhten Blutdruck ankündigen, hat man die Krankheit auch »den leisen Killer« genannt. Nach Angaben des *Center for Disease Control and Prevention (CDC)* leiden in den USA 75 Millionen Menschen an Bluthochdruck – praktisch jeder dritte Amerikaner. Herz-Kreislauf-Erkrankungen sind in den USA die häufigste Todesursache.[1] In Europa sehen die Zahlen nicht viel anders aus.

Millionen sind in Gefahr. Nützt TM vielleicht auch dem Herz-Kreislauf-System? Der erste, der die richtigen Verbindungen zwischen TM, Blutdruck und Herz-Kreislauf-Erkrankung erkannte, war Dr. Robert Schneider, ein Bluthochdruck-Spezialist, Mitglied des *American College of Cardiology* und Leiter des *Institute of Natural Medicine and Prevention* der *Maharishi University of Management* in Fairfield, Iowa, USA. Mit 26 Millionen Dollar Fördergeldern der *National Institutes of Health (NIH)* und anderer Sponsoren führten Dr. Schneider und sein Team eine randomisiert-kontrollierte Studie über die Auswirkungen von TM im Vergleich zu Gesundheitserziehung durch. Die Ergebnisse waren eindeutig: Transzendentale Meditation senkte bereits innerhalb von drei Monaten den Blutdruck.[2]

Andere Forscher konnten Dr. Schneiders Ergebnisse wiederholen und so eine beträchtliche Datenmenge zusammenstellen.

Dr. Jim Anderson und seine Kollegen von der *University of Kentucky* analysierten Daten von mehr als einhundert TM-Blutdruck-Studien mit Hunderten von Versuchspersonen. Die Veränderungen des Blutdrucks von Versuchspersonen, die TM praktizierten, zeigten beim systolischen Blutdruck eine durchschnittliche Abnahme um 5 Punkte und beim diastolischen Blutdruck um 2,8 Punkte. Die Schlussfolgerung der Forscher: Der Blutdruck wurde bei allen Gruppen, die TM praktizierten, stärker reduziert als bei den Kontrollgruppen, die es mit Entspannungsübungen, Stressmanagement oder Biofeedback versuchten.[3]

Dr. Schneider und seinen Mitarbeitern stellte sich jedoch noch eine Frage: Führen diese kurzfristigen Ergebnisse auch zu langfristigen Verbesserungen? Um das zu beantworten, analysierte er mit Forschungsgeldern der *NIH* die Sterbeurkunden von 202 Teilnehmern seiner ersten, zehn Jahre zurückliegenden TM- und Blutdruck-Studie, um in Erfahrung zu bringen, wer noch gesund und am Leben war. 2005 konnte Dr. Schneider melden, dass die Sterberate in der TM-Gruppe um 23 Prozent niedriger war als in der Kontrollgruppe, die nur Gesundheitserziehung erhalten hatte. Mehr noch: Auch die Todesrate durch Herz-Kreislauf-Erkrankungen war 30 Prozent niedriger.[4]

Daraufhin erhielt Dr. Schneider Mittel für eine klinische Studie, die TM mit Gesundheitserziehung vergleichen sollte. Erneut erwies sich die Überlegenheit von TM. Man muss bedenken, dass diese Menschen schon vor Beginn der Studie erkrankt waren und auf übliche Weise behandelt wurden, etwa mit Medikamenten gegen Bluthochdruck und erhöhten Cholesterinspiegel und mit Ratschlägen zu gesunder Ernährung und Bewegung. Diese Standardbehandlung wurde während der Studie beibehalten. Nach fünf Jahren ging es der Gruppe, die TM praktizierte, wesentlich besser als der Gruppe, die weiterhin nur Gesundheitserziehung erhalten hatte. Das Sterberisiko der TM-Gruppe hatte sich nicht nur bei Herzinfarkt und Schlaganfall, sondern bei *allen Ursachen* um 48 Prozent reduziert.[5]

2013 fasste die *American Heart Association* all die Jahre der TM-Forschung zusammen und kam in der Fachzeitschrift *Hypertension* zu dem Schluss, dass TM die einzige Meditationstechnik ist, die den Blutdruck signifikant senkt.[6]

TM trägt nicht nur dazu bei, dass Menschen länger leben; es gibt zudem überzeugende Belege dafür, dass TM jungen Menschen, die unter starkem Stress stehen, durch reduzierten Blutdruck ein besseres Leben schenkt.

Vernon A. Barnes, ein Physiologe am *Medical College of Georgia*, wollte die Auswirkung von TM auf die Reaktionsfähigkeit von Herz und Blutdruck (also die Reaktion auf Stress) bei 45 Freiwilligen im Alter von 15 bis 18 Jahren erforschen, die normale Blutdruckwerte aufwiesen. Dr. Barnes teilte die Versuchspersonen in zwei Gruppen: Die experimentelle Gruppe praktizierte zwei Monate lang täglich zweimal TM, die Kontrollgruppe erhielt für dieselbe Zeitspanne einmal pro Woche einen einstündigen Gesundheitsunterricht.

Um die Studie so lebensnah wie möglich zu gestalten, überwachte Dr. Barnes Veränderungen von Blutdruck, Herzrate und Herzminutenvolumen der Teenager, während man sie zu emotional schwierigen Themen befragte. Er maß auch dieselbe kardiovaskuläre Reaktionsfähigkeit der Teenager, während sie ein virtuelles Fahrtraining mit besonderen Stressoren absolvierten. Ob die jungen Leute nun über besonders sensible Themen sprachen oder Hindernissen »auf der Straße« ausweichen mussten: In beiden Fällen zeigte Dr. Barnes' Forschung deutlich, dass die TM-Praktizierenden einen niedrigeren Blutdruck behielten als die Kontrollgruppe. Nicht nur das, sondern der gemessene Blutdruck der TM-Gruppe blieb auch in den Ruhephasen niedriger.[7]

Und schließlich haben zwei Studien untersucht, ob TM-Praktizierende und Nichtmeditierende unterschiedlich auf Stress reagieren. Mit zwei Elektroden wurde ihre elektrodermale Aktivität (EDA) erfasst. Ist man ängstlich, schwitzt man mehr, was den elektrischen Strom zwischen den beiden Elektroden verstärkt.

Am Monitor zeigt sich das durch einen Kurvenausschlag nach oben. Ist man hingegen entspannt, fließt weniger Strom und die Kurve schlägt nach unten aus. (Das EDA-Verfahren ist Hauptbestandteil eines Lügendetektors bzw. Polygraphen.)

In einer dieser TM-Studien, in der diese galvanische Hautreaktion untersucht wurde, setzte der Psychologe David Orme-Johnson vierzehn Meditierende und sechzehn Nichtmeditierende unangenehm lauten Geräuschen aus und verglich ihre EDA-Reaktion. Bei allen Versuchspersonen schlug die Kurve nach oben aus. Bei den Meditierenden jedoch fand sie schneller zurück zu den Ausgangswerten. Die Nichtmeditierenden brauchten nicht nur länger, um zu ihrem Ausgangswert zurückzukehren, sondern zeigten auch häufiger »Fehlalarm«, also Ausschläge nach oben, selbst dann noch, als schon längst keine irritierenden Geräusche mehr zu hören waren. Bei der anderen Studie, die von den Forschern Daniel Goleman und Gary Schwartz an der *Harvard University* durchgeführt worden war, wurden als Stressor Szenen schlimmer Verletzungen aus einem Arbeitsschutz-Film eingesetzt, den sich die Meditierenden wie Nichtmeditierenden anschauen sollten. Erneut fand die EDA der Meditierenden schneller zurück zu ihrem jeweiligen Ausgangswert.

Schlussendlich, um auf das drängende Problem zurückzukommen, das ein hoher Cortisolspiegel für die Gesundheit darstellt, beobachteten mehrere Studien einen reduzierten Cortisolspiegel im Blut während und nach TM. In einer klinischen Untersuchung wiesen Menschen, die seit drei bis fünf Jahren meditierten, während ihrer Meditation eine statistisch signifikante 30-Prozent-Abnahme des Cortisols in ihrem Kreislauf auf. Jene, die erst drei bis vier Monate meditierten, wiesen eine Tendenz in dieselbe Richtung auf, wenn sie auch noch nicht signifikant war. Bei einer anderen Studie zeigten Versuchspersonen, die erst die relativ kurze Zeit von vier Monaten meditierten, einen niedrigeren Cortisolspiegel als die Kontrollgruppe, die *nicht* meditierte – sowohl im Ruhezustand als auch unter Stress, beispielsweise beim Kopfrechnen oder beim Drücken eines isometrischen Griffs.

Nach Dr. Norman Rosenthal »läuft alles darauf hinaus, dass, ganz gleich, wie man misst, TM starke und anhaltend positive Auswirkungen auf unseren Umgang mit Stress hat. Diese Wirkung ist nicht nur im Labor signifikant, sondern auch in der realen Welt, wo sie schwere Erkrankungen beträchtlich reduziert und unser Leben verlängert.«

Jerry Seinfeld erzählte mir, er spüre die Auswirkung der tiefen Ruhe so sehr, dass er TM gern mit einem »Ladegerät für den Geist« vergleicht. »Die Metapher mit dem Ladegerät ist ziemlich passend, weil normalerweise ein Ladegerät ja immer funktioniert. Es sei denn, man hat es nicht richtig in die Dose gesteckt. Dann schaut man hin und wundert sich: ›Wo bleibt der Saft?‹ Bis man es dann merkt: ›Ups, nicht richtig eingesteckt.‹ Und schon funktioniert es wieder.«

Das sei gerade das Schöne an TM, meinte er. »Man braucht sich nie zu wundern. Angenommen, ein wichtiger Tag steht bevor. Am Abend vorher sagst du dir: ›Heute gehe ich früh zu Bett. Ich setze mich nicht hin und zappe durchs Deppenfernsehen. Ich möchte gut schlafen.‹ Aber das ist mehr eine Hoffnung. Du hoffst, dass du ins Bett kommst und dann erfrischt aufwachst. Und das ist der große Unterschied zwischen Schlaf und TM: TM funktioniert immer perfekt.«

Ich stimme Jerry zu, muss aber hinzufügen, dass *perfekt* hier ein problematisches Wort ist. Schon nach wenigen Tagen TM-Praxis merken Sie, dass jede Meditation anders ist. Sie ist nichts Feststehendes wie der perfekte Tennisschlag oder der perfekte Akkord am Klavier. Die Erfahrung des Transzendierens ist fließend, und jede Sitzung wird beeinflusst von dem Zustand Ihres Körpers zum Zeitpunkt der Meditation. Ich sage immer, bei der Meditation gibt es nicht die eine perfekte Erfahrung – es gibt zahllose perfekte Erfahrungen. Einige Menschen sorgen sich manchmal, ihre Meditationssitzung sei diesmal nicht »die beste«

gewesen. Wurde Maharishi danach gefragt, pflegte er zu sagen: »Selbst ein flacher Tauchgang macht nass.«

MEDITATIVE MOMENTE
Bessere Eltern, bessere Nachbarn

G. Sequane Lawrence ist der Präsident von Fathers, Families and Healthy Communities (FFHC) in Chicago. Seine Mission sieht er darin, die Lernerfolge von Kindern nicht sorgeberechtigter afroamerikanischer Väter zu verbessern, indem er diesen hilft, zerbrochene Beziehungen zu heilen und gesünder zu leben. Er lernte bei der David Lynch Foundation zu meditieren und will nun TM zu einem tragenden Pfeiler der FFHC-Arbeit machen.

Ich arbeite mit jungen Männern, die in Problemvierteln wohnen. Man kann nicht alle über einen Kamm scheren, aber etliche haben wirklich Traumatisches hinter sich. In den Vierteln, in denen wir arbeiten, sind manchmal bis zu fünfzig Prozent vorbestraft. Das ist ein echtes Problem und eine Folge des Krieges gegen Drogen, von Massenverhaftungen, des Rassismus und all der Dinge, gegen die ich kämpfe. Viele sind minderjährig und waren schon einmal gemeinsam mit Erwachsenen eingesperrt. Sie alle wollen eigentlich bessere Väter werden, dem steht jedoch das soziale Konstrukt des »echten Mannes« entgegen, der seine Frau und Kinder versorgt – kann er es nicht, ist seine Männlichkeit in Frage gestellt. Das verursacht zahlreiche psychische und emotionale Probleme. Ich erkläre diesen jungen Männern, dass sie vielleicht im Moment kein Geld haben. Was sie aber jetzt lernen und an ihre Kinder weitergeben, kann aus ihnen richtige Männer machen. Ich spüre, dass sie ihren Kindern gegenüber eine gewisse Ruhe und emotionale Reife ausstrahlen, weil sie TM praktizieren. Ich sage ihnen, dass sie sich auf diese Weise als Mann in ihrer Familie Geltung verschaffen können, dass sie dadurch einen wertvollen Beitrag leisten und von Nutzen sind. TM trägt auch dazu bei, die Verbitterung zu mildern, die zwischen diesen jungen Männern und den Müttern ihrer Kinder herrscht. Sie werden bessere Väter und bessere Nachbarn.

Ich will, dass TM zu einem Basiselement unseres Wellness-Programms wird, genauso wie richtige Ernährung, Sport und Bildung. Ich will auch, dass TM in alle Schulen unseres Viertels kommt, ebenso in die Tagesbetreuung, in Gemeindezentren und in die Kirchen. Ich glaube, Chicago ist bereit dafür. Für manche klingt das vielleicht komisch, aber das war beim Jogging und beim biologischen Essen zunächst auch so. Und heute hält das niemand mehr für Modeerscheinungen.

Meine Frau Theresa merkt immer ganz genau, wenn ich regelmäßig meditiere. Dann gefalle ich ihr auch als Mann. Wir sind seit 36 Jahren verheiratet – sie muss es also wissen.

VIERTER TAG
Den Nutzen mehren

Am vierten Tag gebe ich den Kursteilnehmern etwas Wichtiges mit: Meditiert nicht um der Meditation willen. Sie ist keine Flucht. Wir meditieren für das Leben. So beruhigend und verjüngend, so zentrierend und erweiternd die Erfahrung auch sein mag, ich betone stets: Wirklich wichtig ist, wie Sie sich danach fühlen. In der letzten Lektion dieser vier Tage betrachten wir die kumulativen Wirkungen der Morgen- und Nachmittagssitzungen. Zwar lässt sich nicht vorhersagen, wie sich eine bestimmte Meditationssitzung jeweils entwickelt. In jeder Meditation ist Ihr Körper in einer anderen Verfassung. (Haben Sie beispielsweise in der Nacht zuvor gut geschlafen? Sich vor der Meditation mit Essen vollgestopft? Die ganze Nacht für ein Examen gebüffelt?) Aber zu Recht können Sie erwarten, dass regelmäßige Meditation nach und nach zu echten und deutlich sichtbaren Verbesserungen in Ihrem Leben führen wird.

Wie lange dauert es, bis Sie diese Verbesserungen bemerken?

Das ist bei jedem anders. Ich habe Veteranen mit Posttraumatischer Belastungsstörung unterrichtet, die mehrere Monate lang wegen schrecklicher Alpträume und Schweißausbrüche nie mehr als ein oder zwei Stunden geschlafen hatten, die aber bereits nach dem ersten oder zweiten Meditationstag nach Hause gingen und die Nacht durchschliefen. Wochen später berichteten sie, dass es nun für sie ganz normal sei, nachts durchzuschlafen. Meine eigenen Erfahrungen waren, als ich zu meditieren begann, weitaus weniger dramatisch. Ich war ein gestresster Uni-Student und kein traumatisierter Kriegsveteran. Aber innerhalb weniger Wochen war mein Geist viel klarer, meine Erinnerung viel schärfer (gut für die Uni), und nachts schlief ich auch viel besser. Diese Erfahrungen haben sich vertieft, der Nutzen ist im Laufe der fast fünfzig Jahre, in denen ich nun bereits meditiere, unermesslich größer geworden.

Studien, welche die Auswirkung der TM auf unsere kognitiven Fähigkeiten untersuchen, auf Herzerkrankungen und Depression, dauern im Schnitt mindestens acht bis zwölf Wochen. Die Forscher wollen zum Beispiel feststellen, ob nach einer Woche Meditation die signifikante Blutdrucksenkung oder die Stimmungsaufhellung nicht nur ein Zufall an diesem betreffenden Tag ist, sondern ein Zeichen für eine anhaltende Tendenz. Das erkläre ich auch meinen Kursteilnehmern: Entschließen Sie sich, mindestens zwei oder drei Monate lang zu meditieren, bevor Sie sagen, ob es Ihnen hilft oder nicht. Diese Zeit brauchen Sie.

Um die kumulative Wirkung von täglich zweimal Meditation zu verdeutlichen, benutzte Maharishi als Analogie den Vorgang, mit dem man in früheren Jahrhunderten weißen Stoff gelb färbte. Zuerst taucht man den Stoff für ein paar Minuten in einen Bottich mit knallgelber Farbe. Ist die Farbe völlig aufgesogen, legt man den nassen Stoff mehrere Stunden zum Trocknen in die Sonne. Bei diesem Prozess bleicht ein Großteil des intensiven Gelbs wieder aus. Ein Hauch des Gelbs allerdings bleibt farbecht. Also tauchen Sie den Stoff erneut ein paar Minuten in die Farbe ein und lassen ihn dann wieder einige Stunden in der Sonne trocknen. Nun ist noch etwas mehr Gelb farbecht. Das wiederholen Sie Tag für Tag, und irgendwann ist dann der in der Sonne getrocknete Stoff ebenso gelb wie die Farbe im Bottich. Und zwar lichtecht.

Die Analogie zu den Auswirkungen der Meditation auf den Geist ist einfach. Ein paar Minuten während der Morgenmeditation ins Feld der Stille eintauchen und dann mitten hinein in die Dynamik des Handelns. Bringen Sie die Kinder in die Schule, fahren Sie zur Arbeit, büffeln Sie für ein Examen – was immer Sie sonst auch tun. In den ersten Tagen werden Sie vielleicht bemerken, wie die Wirkung von Ausgeglichenheit und klarem Denken, die Sie nach der Meditation spüren, etwa eine Stunde anhält und dann langsam nachlässt. Machen Sie das zweimal am Tag, ein oder zwei Wochen lang – ein paar Minuten Meditation, denen viele Stunden Alltag folgen – und beobachten Sie, wie die innere Stille wächst und im Alltag immer länger anhält. Dann achten Sie darauf, wie sich das entwickelt, wenn aus den Wochen Monate und Jahre werden, in denen Sie regelmäßig zwei Mal am Tag meditieren.

Wichtig dabei ist, dass Meditation sich nicht wie ein Bluthochdruck-Medikament verhält, bei dem der Blutdruck nach Einnahme der Tablette sinkt und sich dann allmählich wieder erhöht, bis Sie die nächste Pille schlucken. Das ist zwar nützlich und bei Menschen mit Bluthochdruck auch notwendig. Das zugrundeliegende Problem, wie der menschliche Körper auf Stress reagiert, wird dadurch aber nicht angesprochen. Das Medikament kaschiert und behandelt nur das Symptom. Im Gegensatz dazu, das hat die Forschung gezeigt, sind die Wirkungen von TM kumulativ. Nicht nur Ihr Bluthochdruck sinkt, sondern viele weitere, positive Wirkungen auf Ihre Gesundheit zeigen sich. Sie werden belastbarer, effizienter und fühlen sich im Laufe der Zeit gesünder und kraftvoller. Das ist kein positives Denken, es ist auch nicht »zu schön, um wahr zu sein«. Es ist genau das, was passiert, wenn Sie von den dicken Stressknoten nicht mehr behindert werden.

Ray Dalio ist der Gründer, Co-Chief Investment Officer und Ko-Vorsitzender von *Bridgewater Associates*, weltweit einer der führenden Anbieter institutioneller Vermögensverwaltung. Das Magazin *Fortune* nannte Bridgewater das fünftwichtigste Privatunternehmen der Vereinigten Staaten. Ray ist außerdem Autor des Bestsellers *Die Prinzipien des Erfolgs*.

Ray praktiziert seit fast fünfzig Jahren Transzendentale Meditation und hält sie »für die wichtigste Ursache meines Erfolgs, denn: Sie macht mich ausgeglichen und versorgt mich mit Kreativität«.

Heute ist Ray Mitte sechzig, aber er hat immer noch dieselbe Energie wie als Kind, als er in Queens, New York, aufwuchs. Sein Vater war Jazz-Musiker, seine Mutter Hausfrau. »Meditation führt zu Offenheit und Kreativität«, meint er. »Meditation ist der Prozess des Sich-Öffnens. Sie ist wie eine heiße Dusche, nur besser. Selbst wenn Sie nicht über etwas nachdenken, kommt plötzlich eine großartige Idee – und man muss nur zugreifen.

Sie dämpft auch nicht Ihre Emotionen. Die Emotionen bleiben dieselben, aber Sie können einen Schritt zurücktreten und sagen: ›Ich werde mich von diesem Gefühl nicht hinreißen lassen.‹ Ich glaube, sie hilft einem dabei, alles von einer höheren Warte aus zu betrachten.«

Ein paar Wochen später dachte ich noch einmal darüber nach, was Rays Worte, dass man sich von seinen Emotionen nicht beherrschen lässt, für unseren Alltag bedeuten. Ich unterrichtete einen Freund, einen Schriftsteller mit zwei Jungs im Alter von zwei und fünf Jahren. Seine erste Meditationssitzung mit mir hatte er an einem Sonntagmorgen, in meinem Büro in Midtown Manhattan. Am Abend zuvor hatte er, als er mit seinem fünfjährigen Sohn im Bad war, das Problem, ihn in die Wanne zu bekommen. Er blieb aber ruhig, und das Kind bekam von seinem Vater nicht die Reaktion, die es erwartet hatte. »Ich fühlte mich sehr präsent«, erklärte er mir, »und dann kippte mein Sohn einen ganzen Eimer Wasser über mich aus.«

Bei so etwas verlor er gewöhnlich seine Beherrschung. »Doch klatschnass, wie ich war, ging ich für einen Moment nochmal alle Optionen durch. Ich konnte mich gehenlassen, ihn anschreien und ihn zum Weinen bringen – dann hätte er sowieso nicht zugehört. Ich konnte aber auch einsehen, wie absurd das alles war, und dennoch auf den Regeln bestehen. Wie oft habe ich die Chance versäumt, ihm etwas beizubringen, weil ich aus Frust heraus reagiert hatte.«

Das ist der präfrontale Cortex des Gehirns, der nach der täglichen Meditation wieder zugeschaltet wird. Das erweitert die Perspektive, schenkt Ihnen eine Pause, lässt Sie einen Augenblick lang innehalten: auf der einen Seite das stechende Gefühl der Gereiztheit, auf der anderen Seite das »Aus-der-Haut-Fahren«, das möglicherweise irrational ist und das Sie später bedauern.

In der heutigen Welt gleichen viele Menschen einem Auto mit schlecht eingestelltem Motor. Der Leerlauf sitzt zu hoch und das Auto verbraucht viel zu viel Benzin. Um im Beispiel zu bleiben: TM stellt das Nervensystem richtig ein, setzt den Leerlauf tiefer, es kommt zu einer ausgewogeneren Drehzahl und zu mehr Kraft bei der Verbrennung.

Dr. Fred Travis, Leiter des *Center for Brain, Consciousness, and Cognition* an der *Maharishi University of Management*, ist einer der führenden Forscher im Bereich Meditation und Gehirn. Bevor er Neurowissenschaftler wurde, schrieb Dr. Travis seine Diplomarbeit an der *Cornell University* über die Auswirkungen der Transzendentalen Meditation auf Kreativität. Er schnappte sich eine einheitliche Gruppe von Cornell-Studenten, von denen manche TM lernten, die anderen nicht.

»Ich bewertete sämtliche Kreativitätstests, ohne zu wissen, ob die Studenten meditierten oder nicht«, berichtete er mir. »Bei manchen Studenten entdeckte ich enorme Veränderungen, und da fragte ich mich: ›Sind das die Meditierenden? Sie betrachten die Dinge tatsächlich anders und reagieren kreativer.‹ Als wir es dann aufschlüsselten, waren das tatsächlich die Personen, die TM praktizierten.«

Später begann Dr. Travis zu untersuchen, ob und wie TM Leistungsfähigkeit und Persönlichkeitsentwicklung optimiert. Er benutzte dafür einen selbstentwickelten Satz von Messgrößen, den er *Brain Integration Scale* (*BIS*, Index der Gehirn-Integration) nannte. Der BIS erfasst drei aus dem EEG abgeleitete Gehirnmessungen bei anspruchsvollen Aufgaben: Breitbandkohärenz im vorderen Bereich des Gehirns, Alpha-Wellen und Gehirnvorbereitungsreaktionen. Diese drei Skalen fasste er im BIS zusammen. Je höher die Skalenwerte, desto kreativer und entschlussfähiger war der Proband und desto schneller verarbeitete sein Gehirn Information. Als er die Gehirnwellen von 38 Studenten maß, stellte Dr. Travis fest, dass die BIS-Werte nach drei Monaten TM anstiegen.[8]

Dr. Travis stellte die Hypothese auf, dass Spitzensportler und erfolgreiche Geschäftsleute eine vergleichbare Gehirnkohärenz aufweisen, bei der die unterschiedlichen Regionen des Gehirns eng zusammenarbeiten. Er untersuchte die Gehirnwellenmuster von dreiunddreißig Weltklassesportlern und verglich sie mit den Mustern von dreiunddreißig durchschnittlichen Sportlern (die Gruppen entsprachen sich bezüglich Alter und Geschlecht). Er maß die elektrodermale Aktivität und ließ sie die üblichen Tests machen. Wie hängen Top-Leistungen zusammen mit Selbstentwicklung, moralischer Entwicklung und mit der Häufigkeit von Gipfelerlebnissen (dem Gefühl, »in der Zone« zu sein)? Wie zu erwarten fand er heraus, dass den Spitzenleistungen vermehrtes psychophysiologisches Wachstum zugrunde liegt: das erhöhte Wohlbefinden in der Aktivität.[9] Er verglich auch die Hirnwellen von zwanzig Topmanagern mit denen von zwanzig Personen aus dem mittleren Management, die sich in Alter, Geschlecht, Ausbildung und Unternehmen ähnelten. Die Topmanager wiesen allesamt höhere BIS-Skalen auf, ein höheres Maß an moralischer Urteilskraft und häufigere Gipfelerlebnisse.[10]

Die Belege sind eindeutig: Sind die unterschiedlichen Bereiche Ihres Gehirns gut vernetzt und spielen sie gut zusammen, dann leisten Sie mehr.

Doch ist der präfrontale Cortex nur so stark wie die neuronale Vernetzung. Das Gehirn ist ein lebendiges Organ, das sich unseren Erfahrungen anpasst. Früher glaubte man, das Gehirn wachse bis in die Zeit der Pubertät und bliebe dann mehr oder weniger so »wie es ist«, und das für den Rest des Lebens. Heute wissen wir um die lebenslange Neuroplastizität des Gehirns – die fortlaufende Verstärkung oder Abschwächung der neuronalen Vernetzung. Jede Erfahrung erzeugt eine elektrische Aktivität, welche die neuronalen Strukturen des Gehirns durchwandert. Trauma und Stress unterbrechen diese Schaltungen – positive Erfahrungen bauen sie auf. Jede positive Erfahrung verändert die Verbindungen im Gehirn so, dass wir das, was wir tun, das nächste Mal noch besser machen können.

Die Forschung hat gezeigt, dass die wiederholte Erfahrung innerer Stille sich im Lauf der Zeit gesund und positiv auswirkt. Sie formt und stärkt die Verbindungen im Gehirn.

Was geschieht nun genau im Gehirn, wenn man meditiert? Wie bereits gesagt, können Wissenschaftler die Auswirkungen untersuchen, indem sie bei TM-Praktizierenden ein Elektroenzephalogramm (EEG) machen, das die elektrische Aktivität des Gehirns misst. Misst man ein EEG bei jemandem, der TM praktiziert, sieht man im präfrontalen Cortex einen Anstieg der Alpha-1-Wellen, und diese Wellen breiten sich dann über das gesamte Gehirn aus. Alpha-1-Wellen sind die Brücke zwischen bewusstem Denken und unserem Unbewussten.

Eine weitere, einzigartige Eigenschaft dieser Alpha-1-Wellen ist bei TM-Meditierenden ihre Kohärenz. Das heißt: Die Gehirnwellenfrequenz einer Gehirnregion ähnelt der einer anderen. Diese Kohärenz findet man zwischen dem präfrontalen Cortex und dem hinteren Gehirn und zwischen der rechten und linken Gehirnhälfte. Alpha-1-Kohärenz bedeutet, dass unterschiedliche Gehirnregionen bei der Arbeit miteinander kommunizieren. Wichtig ist hierbei, dass diese Kohärenz weit über die zwanzigminütige Meditation hinaus anhält, auch dann, wenn Sie sich anschließend wieder auf Ihre Arbeit konzentrieren. (Mehr als ein Dutzend Studien analysierten die Wirkungen unterschiedlicher Meditationsmethoden, darunter auch Nicht-wertende Beobachtung und

Konzentrierte Aufmerksamkeit. Sie kamen zu dem Schluss, dass TM die einzige Meditationstechnik ist, die Alpha-1-EEG-Kohärenz erhöht.[11])

Mit fortlaufender Meditationspraxis – Tage, Wochen, Monate – werden diese kohärenten Schaltungen verstärkt. Ihr Gehirn arbeitet zunehmend wirkungsvoller und effizienter, ökonomischer. Bei TM geschieht das Gleiche wie bei anderen wiederholten Erfahrungen auch. Zum Beispiel beim Musikunterricht, wenn man Gitarre spielen lernt: Auch hier entstehen im Gehirn neuronale Verbindungen, die später auch anderen Aspekten der Kommunikation zugutekommen, der Sprache etwa, dem Sprechen und dem Gedächtnis. Bei TM jedoch sind diese Verknüpfungen einzigartig und wirken sich – verglichen mit dem Erlernen eines Instruments oder dem Hören von Musik – auf die Funktionsweise des Gehirns noch ganzheitlicher aus.

Je länger also Ihre Meditationspraxis anhält, desto bessere Entscheidungen treffen Sie. Sie urteilen sachgerechter und planen besser. Sie sind mehr Sie selbst. Und das ist keine Zauberei. So funktioniert nun einmal Ihr Gehirn, wenn alle seine Bereiche miteinander verknüpft sind, integriert und gesund. Dr. Travis vergleicht diesen Nutzen von TM mit einem Orchester, das endlich in einem Konzert zusammenspielt. Das alles ist ein fortwährender Prozess, der mit Ihrer ersten Meditation beginnt und das ganze Leben lang anhält.

...

Mein guter Freund David Lynch ist ein brillanter Regisseur (*Der Elefantenmensch*, *Blue Velvet*, *Mulholland Drive*, *Inland Empire* und viele weitere Filme) und Autor und Regisseur der Kult-TV-Serie *Twin Peaks*. Er hat die nach ihm benannte gemeinnützige *David Lynch Foundation* gegründet, die mehr als 600 000 Großstadtkindern ermöglicht hat, TM zu erlernen. David meditiert seit 1973, und er ließ nicht eine einzige Meditation aus. Er vergleicht die Wirkung von TM mit der »Erweiterung des Gefäßes« seines

Geistes. »Die Leitungen für den Ideenfluss haben sich geweitet«, erzählte er mir. »Man kann einfach beginnen, sich neue Ideen zu wünschen – und schon strömen sie nur so herein.«

Die Meditation macht Ihnen die tieferen Schichten des Denkens zugänglich, bis hinab zur Ebene Ihrer Intuition. »Genau danach sehnt sich jeder Künstler«, erklärte mir David. »Wir wollen spüren, dass alles stimmt. Ich sage immer, dass Intuition unser wertvollstes Hilfsmittel ist. Intuition ist, wenn Gefühle und Verstand zusammenkommen. Das verstärkt sich, je häufiger man transzendiert.«

Regelmäßige Meditation hilft Ihnen, auf diese Ressourcen Ihrer Kreativität regelmäßig zuzugreifen.

Zuerst war sich David jedoch nicht so sicher. »Man hört etwas über Meditation und denkt, man würde dadurch ruhig, extrem langweilig und verliere seinen Biss. Diese Angst hatte ich auch. Ich dachte, die Meditation wäre eine Art Gleichmacher. Jemand läutet eine Glocke und wir marschieren geschlossen los. Über so etwas habe ich mir Sorgen gemacht.«

Doch im Gegenteil: David nahm wahr, dass TM seiner Kunst eine schärfere Kontur verlieh. »TM befreite mich von dem einengenden Gummianzug des Negativclowns.« Aus seiner Sicht ist Wut – wirklich rücksichtslose, bittere Wut – nichts anderes als eine Fesselung des Geistes. »Die Wut beherrscht dich«, erklärte er. »Sie ist zu nichts nütze. Bist du extrem zornig, ist dein Kopf einfach nur besetzt; für neue Ideen fehlt dann der Raum.«

Einfach gesagt: Es ist der chronische Stress, es ist die Erschöpfung, die uns alle gleichmacht – wir werden aggressiv, unglücklich, gereizt und krank. Im Gegensatz dazu hilft uns die Meditation, unser jeweils eigenes, einzigartiges Potenzial zu verwirklichen. Stress und Erschöpfung benebeln uns nicht mehr; sie schränken uns nicht mehr ein. Das heißt, wir sind kreativer, produktiver und erfüllter.

Ich vergleiche das gern mit einem Obstgarten. Zehn verschiedene Obstbäume, lange Zeit nicht mehr gegossen. Man sieht nur noch Einerlei: entlaubte, brüchige, braune Zweige, Äste und

Stämme. Gießt man aber die Bäume und versorgt die Wurzeln mit Nährstoffen, wird man mit reicher Vielfalt belohnt. Die Apfel-, Orangen- und Kirschbäume sind gesund und kräftig und lassen sich voneinander unterscheiden, jeder liefert ganz andere duftende Blüten und süße Früchte. TM ist wie das Gießen Ihrer Wurzeln – sie ermöglicht Ihnen, gleichzeitig alle unterschiedlichen Aspekte Ihres Lebens zu fördern und mehr das zu sein, was Sie von Natur aus sind.

Eine Entwicklung, die sich ganz natürlich fortsetzt: bis Sie die erweiterten geistigen Fähigkeiten entwickeln, die Maharishi und die uralten Meditationstexte als »kosmisches Bewusstsein« und Dr. Norman Rosenthal in seinem gleichnamigen Bestseller als »*Super Mind*« bezeichnen. Dr. Rosenthal beschreibt es so: »Der Super-Geist ist ein mentaler Zustand, bei dem erweiterte Bewusstseinszustände einhergehen mit verringertem Stress, besserer körperlicher Gesundheit und der Entwicklung lebensverbessernder Persönlichkeitsmerkmale.«

Dr. Rosenthal betont, dass die Meditation im Laufe der Zeit nicht nur entspannter und klüger macht, sondern uns auch ein Plus verleiht, das heutzutage selten geworden ist: Wir werden *glücklicher*. Er untersuchte mehr als 600 TM-Praktizierende, von denen die Mehrheit angab, sie fühlten sich, seitdem sie zu meditieren begannen, »als seien sie nun achtsamer, erholen sich schneller von unangenehmen Erlebnissen, seien gegenwärtiger und engagierter, und, ganz allgemein gesprochen, glücklicher«, wie mir Dr. Rosenthal versicherte. »Sie erklärten auch, sie fühlten sich stärker ›in der Zone‹, und das war assoziiert mit einer größeren Leichtigkeit, Dinge zu erledigen, mit verstärkter Kreativität und Produktivität. Es überrascht nicht, dass all das mit mehr Leistung am Arbeitsplatz einherging.«

Wer Dr. Rosenthals Fragebogen ausfüllte, berichtete auch, mehr vom »Glück begünstigt« zu sein. Ihre Mitmenschen unterstützen sie mehr. Sie träfen in ihrem Leben gesündere Entscheidungen, andere wiederum nähmen diese positiven Veränderungen wahr, und ganz allgemein verbesserten sich die Beziehungen. Die Daten belegten auch, dass die vorteilhaften Veränderungen des Lebens, die sich nach dem Erlernen der Meditation eingestellt hatten, eindeutig in Zusammenhang standen mit Dauer und Regelmäßigkeit der Meditationspraxis.

...

Als Scott Miller vor etwas mehr als vier Jahren mein Büro in Midtown Manhatten betrat, war seine größte Sorge, woher er sich die Zeit nehmen sollte für die Meditation. Schon lange trug er sich mit dem Gedanken, das Meditieren zu lernen. Die größte Hürde war, im Terminkalender eine Lücke für den Unterricht zu finden. Und es stimmte auch – er war extrem eingespannt. Scott leitet das *G100 Network*, eine Organisation, der man nur auf Einladung beitreten kann und die derzeitige und künftige Führungskräfte aus aller Welt miteinander vernetzt, damit sie sich über Führungsstil und Strategie austauschen können.

Scott war Geschäftsführer sowohl der *Hyatt Hotels Corporation* wie auch der *United Infrastructure Company* und hat bei *G100* Hunderte von Unternehmensleitern und Tausende zukünftige Führungskräfte beraten. Er meinte zu mir, eigentlich sei jeder Mensch auf jeweils eigene Weise Führungskraft. Egal, ob es sich um den Vorstandsvorsitzenden eines Unternehmens, um einen Lehrer, eine Mutter oder einen Vater oder um einen Schüler handelt: Von jedem erwarte man weit mehr, als nur bestimmte Stunden am Tag zur Verfügung zu stehen. Es ist also zunehmend wichtiger, dass man lernt, wie man Prioritäten setzt.

Heute zielt ein Großteil von Scotts Arbeit darauf ab, Führungskräften Instrumente an die Hand zu geben, mit denen sie nicht nur ihr berufliches, sondern auch ihr privates Leben besser managen können. Ausgeglichen zu sein ist etwas, was wir erst wieder lernen müssen. Als er TM erlernt hatte, wusste er: Diese Technik musste Teil seines Werkzeugkastens werden.

Erfolgreiche Menschen, erklärte er mir, erwarteten mehr vom Leben, als nur in ihrem Beruf top zu sein. Sie wollen für ihre Familien da sein und auch außerhalb des Berufes Erfüllung finden. Er rät seinen Klienten zur Meditation, weil er weiß, dass sie dann bei allem, was gerade anliegt, besser werden. Richtet sich ihr Interesse auf das Geschäft, kommen sie da voran. Wollen sie als Vater oder Mutter aktiver sein, dann gibt es Durchbrüche in diesem Bereich. Er meint, wenn er diese Menschen wieder träfe, nachdem sie einige Wochen lang TM praktiziert haben, sei die Veränderung erstaunlich. »Alle sind belastbarer geworden«, sagte er mir. »Sie gleichen Stress am Arbeitsplatz und zu Hause viel besser aus.«

Ein letztes Wort an alle, die fürchten, sie fänden nicht zweimal täglich Zeit für die Meditation. Ja, das Leben macht sich bemerkbar. Realistisch betrachtet wird hin und wieder eine Sitzung ausfallen. Sorgen Sie aber um Ihrer selbst willen dafür, dass das die Ausnahme bleibt und nicht zur Regel wird. Machen Sie Meditation zur Priorität. Natürlich sollten Sie zweimal am Tag meditieren, denn dann nützt sie Ihnen am meisten.

Betrachten wir noch einmal die einzelnen Lernschritte:

Erster Tag. Sie lernen bei einem zertifizierten TM-Lehrer zu meditieren – nur Sie mit Ihrem Lehrer oder Ihrer Lehrerin (neunzig Minuten).

Zweiter Tag. Sie festigen die korrekte Anwendung der TM-Technik, damit Ihre Meditation einfach, natürlich und mühelos erfolgt – ohne Konzentration oder Kontrolle des Geistes. Das geschieht gemeinsam mit anderen, die am Vortag in die Meditation unterwiesen wurden (neunzig Minuten).

Dritter Tag. Sie verstehen die Mechanismen, wie der in der TM-Praxis erlangte, einzigartige Zustand der ruhevollen Wachheit dem Körper ermöglicht, tiefverwurzelten Stress zu lösen. Dies geschieht gemeinsam mit denselben Leuten wie am Vortag (neunzig Minuten).

Vierter Tag. Sie bekommen eine Ahnung, wie der geistige und körperliche Nutzen der regelmäßigen TM-Praxis im Laufe der Zeit kumuliert. Dies geschieht gemeinsam mit denselben Teilnehmern wie an den beiden vorangegangenen Tagen (neunzig Minuten).

Nachdem Sie gelernt haben. Haben Sie die viertägige Unterweisung absolviert, können Sie mit Ihrem TM-Lehrer (oder irgendeinem anderen TM-Lehrer auf der ganzen Welt) regelmäßige Termine zur »Auffrischung« vereinbaren – lebenslang. Diese Sitzungen benötigen generell etwa eine halbe Stunde und sind eine einfache und wertvolle Maßnahme, die sicherstellt, dass Sie zu 100 Prozent richtig meditieren und den maximalen Nutzen aus der Praxis ziehen.

Eine letzte Anmerkung. Das Leben ist, wie es ist. Manchmal wird Ihnen etwas zustoßen, bei dessen Bewältigung Sie Hilfe brauchen. Als TM-Lehrer sind wir für Sie da. Und auch wenn es Ihnen gut geht: Hin und wieder ist es ganz gut, einen Check-Termin zu vereinbaren und die Praxis mit einem Lehrer aufzufrischen, um sicherzustellen, dass alles richtig läuft. Gerade habe ich mit jemandem meditiert, den ich 1972 unterrichtet hatte!

Ihm ging es gut. Er wollte nur einmal »Hallo« sagen.

MEDITATIVE MOMENTE
Erst Gang-Mitglied, dann Privatschule

*Als **Maria** in der 10. Klasse auf die New Village Girls Academy in Los Angeles kam, hatte sie schlechte Noten und galt nicht gerade als aussichtsreiche Kandidatin, das Leben zu meistern. Aber sie lernte in Kursen der David Lynch Foundation, die dem Lehrkörper und den Studenten des Mädcheninternats TM anbot, die Meditation. Recht drastisch riss Maria das Steuer herum. Auf Anhieb, meinte sie, hätte sie sich besser konzentrieren, mehr behalten und sich von Drogen, Gangs und anderen schlechten Einflüssen fernhalten können. Zusätzlich zum geforderten High-School-Lehrplan belegte sie schon im ersten Jahr College-Kurse. Schon in der Mitte des letzten Schuljahres konnte sie mit einem »Sehr gut« abschließen. Maria konnte zwischen mehreren Colleges wählen, und zwar mit vollem Stipendium.*

Marias Geschichte ist so außergewöhnlich, dass man sie kürzlich sogar bat, vor dem Office of Gang Reduction & Youth Development (Abteilung zur Eindämmung des Bandenunwesens und zur Jugendentwicklung) des Bürgermeisters von Los Angeles darüber zu sprechen, wie TM ihr half, die Traumata ihres Lebens zu bewältigen. Hier ist ihre Geschichte:

In meinem Viertel war die Gewalt der Gangs allgegenwärtig. Natürlich war ich von dem beeinflusst, was ich für cool hielt, also habe ich mich geschlagen, fing an zu trinken, nahm Crystal Meth und hing mit einer Gang herum. Ich war dreizehn, als ich zum ersten Mal ins Jugendgefängnis kam. Zwei Jahre später wurde ich erneut verhaftet, und dann wieder. Ich kam raus, ging nach Hause und traf wieder dieselben falschen Entscheidungen.

Als ich das vierte Mal wieder draußen war, dieses Mal nach sechs Monaten, beschloss ich, mich zu ändern. Ich schrieb mich an der *New Village Girls Academy* ein. Die Rektorin und die Lehrer wollten mehr über mich wissen – über meine Vergangenheit, meinen Lebensweg. Zum ersten Mal hatte sich jemand wirklich um mich gekümmert.

In der *New Village* habe ich auch Transzendentale Meditation gelernt. In der Rückschau erkenne ich, wie sehr das mein Leben verändert hat, wie sehr es zu meiner Genesung beitrug. Jetzt kann ich mich fünfzehn Minuten lang ganz auf mich besinnen und mache mir dabei keine Gedanken über die Probleme zu Hause, über die in zwei Tagen fälligen Hausaufgaben, oder dass ich am nächsten Tag meinen Bewährungshelfer aufsuchen muss. Diese fünfzehn Minuten machen den Rest des Tages um vieles besser. Ich bin ruhiger, mache mir weniger Sorgen. Ich kann mich besser konzentrieren. Ich bin glücklicher. Das Leben ist weiterhin nicht einfach für mich. Ich habe nach wie vor Probleme, die Stressoren sind noch da. Aber jetzt habe ich eine Technik, die mir hilft, zum Wesentlichen zurückzukommen und die großen Veränderungen nicht aus dem Blick zu verlieren, die ich in mir und in meiner Welt erreichen will.

KAPITEL *Drei*

DER WANDEL BEGINNT IN DIR

Welche Erwartungen verbinden Sie mit dem Meditieren?

Das frage ich auch oft zu Beginn meines Informationsvortrags über die TM-Technik.

Dann höre ich Antworten wie:

»Ich liebe meine Arbeit, aber sie ist so stressig, und ich will keinen Burnout.«

»Ich esse zu viel, wohl wegen all dem Stress, und kann einfach nicht aufhören.«

»Ich bin furchtsam geworden, ein ängstlicher Mensch, so kenne ich mich gar nicht. Und so mag ich mich auch nicht.«

»Ich möchte besser auf Menschen zugehen können.«

»Mein Leben läuft gut, ich habe eigentlich keine Probleme, aber ich lerne immer gerne dazu, will wachsen, will herausfinden, ob das Leben nicht noch mehr zu bieten hat.«

Vielleicht erkennen Sie sich in der einen oder anderen Antwort wieder.

Einmal saß ich bei Ellen DeGeneres, im Wohnzimmer ihres Hauses in Los Angeles. Ich sollte ihr TM beibringen und stellte ihr die Frage, die ich gerade Ihnen gestellt habe: »Welche Erwartungen verbinden Sie mit dem Meditieren? Warum wollen Sie es gerade jetzt erlernen?«

»Bob«, antwortete sie und hielt einen Augenblick inne, um nachzudenken, »ich suche eine dauerhafte Verbindung zu der Intelligenz, die das Universum lenkt ...«

»Wow«, dachte ich bei mir.

Sie machte augenzwinkernd eine Pause.

»... und nachts schlafe ich schlecht.«

Wie sie musste ich lachen, denke aber oft, wie recht sie mit beidem hatte. Ellen drückte aus, was sich viele vom Leben wünschen. Vielleicht suchen Sie nicht gerade Kontakt mit »der Intelligenz, die das Universum lenkt«. Aber Sie möchten wachsen. Sie wollen mehr lernen, mehr tun, mehr erreichen. Das ist ganz natürlich. Sie wollen keinen Stillstand, keine Stagnation bei der Arbeit und in den Beziehungen. Und vielleicht am wichtigsten: Sie wollen sich selbst nicht unterdrücken. In Wirklichkeit jedoch werden wir in so viele Richtungen gezogen, müssen uns um die Kinder kümmern, um unseren Partner, unsere Arbeit, dass wir schnell das Gefühl haben, wir steckten fest und drehten uns bestenfalls im Kreis. Wir strampeln uns ab, um den Kopf über Wasser und den Status quo aufrecht zu erhalten. Doch wir entwickeln uns dabei nicht.

Woran liegt das? Das hat verschiedene Gründe: Wir sind erschöpft. Uns fehlt der klare Kopf. Wir haben einfach keine guten Ideen. Oder wir wissen nicht, was wir tun und wo wir beginnen sollen. Sie können die Liste selbst ergänzen. Was ich sagen will: Die Meditation erlaubt uns den direkten Zugriff auf unser innerstes, unbegrenztes Selbst. Dabei verschafft sie Ihrem Körper die tiefe Ruhe, die er braucht, um sich von angestautem Stress und Verspannungen zu befreien. Stress und Verspannungen rauben uns Energie und schaden unserer Gesundheit. Tiefe Ruhe schenkt uns Klarheit im Denken, einen freien Fluss kreativer Ideen und die Überzeugung, dass man das eigene Leben und die Welt insgesamt verändern kann.

Seit langem schon unterrichte ich Meditation, und immer wieder weiß ich es zu schätzen, wie einzigartig die Wirkung bei verschiedenen Menschen jeweils ist. Ein Beispiel: Ich durfte den Schauspieler Michael J. Fox unterrichten. Es begann mit einem Anruf in der Halbzeit eines Spiels der New York Knicks im Madison Square Garden.

Am Apparat war Tracy Pollan, Michaels Frau. Sie wollte einen Termin vereinbaren; Michael sollte das Meditieren lernen. Wir verglichen unsere Terminkalender und ich sprach über einige nützliche Auswirkungen, welche die Meditation für Michael haben könnte. Seit den frühen Achtzigern kämpft er mit Parkinson. Am Schluss fragte ich noch beiläufig: »Und, freut sich Michael darauf?«

»Um Himmels willen! Er weiß noch gar nichts davon!«, lachte sie. »Ich habe es ihm noch nicht gesagt. Es soll eine Überraschung sein.«

Es war wohl eine gelungene Überraschung für Michael. Wenige Wochen später kam er in mein Büro zum Unterricht. Bevor wir anfingen, erklärte er mir, heute habe er seine Anti-Tremor-Medikamente noch nicht zu sich genommen. Er wolle objektiv bleiben und sehen, inwieweit ihn die Meditation beruhigen könne. Der Michael, den man aus dem Fernsehen kennt, nimmt immer Tremor-dämpfende Medikamente ein. Den Michael ohne Medikation bekommen nur seine Familie und engste Freunde zu Gesicht. Und nach Jahrzehnten des Parkinsons zeigt sich sein Tremor schon sehr deutlich.

Ich saß Michael in meinem Büro gegenüber, wir beide in bequemen Stühlen. Ich gab ihm sein Mantra und erklärte ihm, wie man es richtig gebrauchte. Er schloss die Augen und begann zu meditieren. Binnen Sekunden – wirklich Sekunden – hörte sein Tremor auf. Er ließ nicht etwa nach, er hörte einfach auf. Ich war verblüfft, schloss meine Augen und meditierte mit ihm. Nach ein paar Minuten, als wir beide fertig waren, sah ich ihn an, und er starrte auf seine Hände. Bewegungslos lagen sie in seinem Schoß. Minutenlang saß er so da und schaute nur auf seine Hände.

»Dieser Augenblick«, sagte er, »ist der ruhigste seit Jahren; seit Jahrzehnten.«

Ob es ihm wohl genauso gehen würde, wenn er das nächste Mal zu Hause meditierte? Wir trafen uns am nächsten Tag, und er berichtete mir, zu Hause habe sich das wiederholt. Auch eine Woche später: kein Tremor mehr beim Meditieren. Das Zittern hörte jedes Mal auf. Auch habe er nachts jetzt einen tieferen Schlaf. Früher sei er alle ein bis zwei Stunden aufgewacht.

Als er mich einen Monat später wieder besuchte, schilderte er, wie unerwartet entspannt er sich gefühlt hatte, bevor er in Toronto vor einer großen Zuschauermenge einen Vortrag über Parkinson halten musste. Früher habe er immer nervös in der Garderobe gesessen und sei jedes Wort noch einmal hektisch durchgegangen. Dieses Mal habe er zwanzig Minuten hinter der Bühne meditiert, habe dann die Bühne betreten und einen der besten Vorträge seines Lebens gehalten.

Michaels Tremor kommt zwar unweigerlich zurück, wenn er seine zwanzig Minuten Meditation beendet. Der eigentliche Nutzen liege für ihn aber darin, dass er weniger ängstlich sei und sich seine Lebensqualität insgesamt drastisch verbessert habe.

Nachdem ich Michael unterrichtet hatte, habe ich mit vielen anderen TM-Lehrern gesprochen, die Menschen mit Parkinson das Meditieren beibrachten. Sie haben ähnliche Erfahrungen gemacht. Wie ist das möglich? Das herauszufinden wird aufregend. Man nimmt an, dass bei Parkinson das Gehirn allmählich einen bestimmten Neurotransmitter nicht mehr produziert, das Dopamin. Bei zunehmendem Dopamin-Mangel kann man seine Bewegungen, seinen Körper und seine Gefühle immer weniger steuern. Vielleicht wirkt sich die Meditation irgendwie auf die Dopamin-Produktion aus und beruhigt diese chronische, extrem einschränkende neurologische Erkrankung. Das soll eine Studie untersuchen, welche die *David Lynch Foundation* mitfinanzieren wird.

...

Sie können TM auch völlig skeptisch angehen, wie Dr. Richard Schneider, ein pensionierter Konteradmiral und Präsident der *Norwich University* – der aber noch offen ist für Veränderungen. Ich mochte Präsident Schneider schon vom ersten Augenblick an, als er mich 2010 in seinem Büro in Norwich mit festem Handschlag begrüßte. Er war fit, gut gelaunt und dienstältester Präsident von *Norwich*, der ältesten privaten Militärhochschule der USA. Präsident Schneider sagte, er habe über unsere Arbeit von Joan Andrews gehört, der Tochter eines befreundeten Absolventen und Kurators der *Norwich University*, des verstorbenen Paul Andrews.

»Du solltest dir unbedingt anschauen, wie TM sich bei Veteranen auswirkt«, hatte sie ihm gesagt. »Sie hilft ihnen!«

»Schon gut, schon gut, aber was ist das, ›TM‹?«, fragte Präsident Schneider.

»Transzendentale Meditation.«

Präsident Schneider gab zu, dass er damals lachen musste. Skepsis ist ein Wort, das nicht einmal ansatzweise beschreibt, was er damals dachte. Aber Schneider ist ein kluger Mann, und *Norwich* ist berühmt für seine Innovationsfreude. Es war eine der ersten Militärhochschulen, die Frauen und Afroamerikaner zugelassen hatte; sie ist zudem Geburtsort des *ROTC*, des Reserveoffizier-Ausbildungskorps. Und es geht nicht nur um ihre Geschichte. Die kleine Hochschule in Northfield, Vermont, steht bei der Erforschung der Cybersicherheit, dem wichtigsten der neuen Kriegsschauplätze, auf Rang zwei.

»Also sagte ich mir – gut, das schaue ich mir mal an«, erinnerte er sich. »Auf unserem Campus geht es ziemlich stressig zu, denn dafür sind wir da: Lieber stressen wir die Studenten jetzt, denn an den Stress beim Militär müssen sie sich gewöhnen.«

Je mehr Präsident Schneider über den konkreten Nutzen der Meditation erfuhr, desto mehr war er interessiert. Er lud also mich und meinen Kollegen Colonel Brian Rees, der als Arzt fünf Einsätze im Irak und in Afghanistan mitgemacht hatte, zu einem

Treffen mit ihm und seinem gesamten Verwaltungsteam ein, um ein Pilotprojekt zur Einführung der TM zu besprechen.

»Ich unterstütze ein solches Programm«, sagte er mir dann. »Aber ich muss es selber lernen, bevor ich es den Studenten empfehle. Ich muss der Erste sein.« Er wusste, dass er ein großes Risiko einging, wenn er an einer Militärhochschule Meditation einführte, »beruflich, als auch, was unseren Ruf angeht«, sagte er mir. »Ich muss es selber lernen. Nur so kann ich den Leuten in die Augen schauen und sagen: ›Ich mache es auch. Bei mir funktioniert's.‹«

An einem kühlen, sonnigen Nachmittag brachte ich ihm in einem Lesezimmer der Universitätsbibliothek bei, wie man meditiert. Innerhalb weniger Tage merkte Präsident Schneider, dass er sich viel weniger gestresst fühlte, obwohl es nach wie vor dieselben externen Stressoren gab. »Ich fühlte mich zentrierter, ich war entspannter«, sagte er mir. »Ich zerbrach mir nicht mehr über Kleinigkeiten den Kopf. Es sind ja immer die Kleinigkeiten, die einen wahnsinnig machen.« Er fügte hinzu, dass er gern im Flugzeug meditiert, weil dann für ihn der ganze Lärm verschwindet – »selbst wenn ein kleines Kind hinter mir gegen meinen Sitz tritt. Das nehme ich zwar wahr, bleibe aber dennoch vollkommen entspannt.«

Präsident Schneider erkannte den potenziellen Wert für die »Rookies« – die Frischlinge unter den Kadetten. »Die Kadetten kommen heute in *Norwich* immer gestresster an«, sagte er. »Jeder unserer Berater würde Ihnen das gleiche sagen. Und hört man erst, was die jungen Leute erzählen, weiß man, warum sie sich nicht auf die Schule konzentrieren können. Sie schleppen so viel Ballast mit sich herum.«

Die künftigen Führungskräfte kommen frisch von der High School, und viele machen sich Sorgen um ihre alleinerziehenden Eltern oder um ihre Freunde und Freundinnen aus der Nachbarschaft. »Selten geht es um sie selbst«, erklärte Präsident Schneider, »meist sorgen sie sich um andere.«

In einem Brief an die Erstsemester und deren Eltern bot er das TM-Projekt an. »Wir wurden von Eltern förmlich überrannt; alle wollten, dass ihre Kinder teilnahmen«, sagte er. »Also stellten wir einen Zug mit dreißig Kadetten zusammen, die das Training erhielten, und eine Kontrollgruppe von dreißig, die nicht unterrichtet wurden. Ganz ehrlich, nach drei Wochen beschwerten sich diejenigen, die keine Unterweisung erhalten hatten, man hätte sie benachteiligt«, erklärte Präsident Schneider, »weil die meditierenden Kadetten nicht mehr zurechtgestaucht wurden, im Unterricht hellwach blieben und bessere Leistung brachten. Also wollten sie das auch haben. Ich sagte ihnen: ›Ihr kriegt es auch noch, ihr müsst nur ein bisschen warten.‹«

In jedem messbaren Praxisbereich übertraf die TM-Kohorte die Kontrollgruppe. Probleme wie Depressionen, Angst, Stress oder Stimmungsschwankungen verringerten sich allesamt signifikant. Konstruktives Denken, emotionale Bewältigung und Belastbarkeit wurden gestärkt.

»Ich habe die moralische Verpflichtung, diesen jungen Menschen alles an die Hand zu geben, was sie erfolgreicher und siegreicher macht und ihnen erlaubt, sich besser um ihre Truppe zu kümmern«, sagte er mir. Präsident Schneider fühlt eine doppelte Verantwortung, denn er bildet künftige Offiziere aus, die im Ernstfall nicht nur ihren eigenen Stress in den Griff bekommen müssen, sondern auch den Stress derer, die sie führen. »Ist der Anführer gestresst, merkt das jeder im Team«, sagte er. »Das Team möchte Vertrauen haben.«

...

Belastbarkeit selbst in kniffligsten Situationen: genau darauf kommt es auch in einer typischen Nacht in der Notaufnahme des *Mount Sinai Hospitals* in Chicago an. Als eines von vier führenden Trauma-Zentren in Chicago liegt das *Sinai* zudem im Zentrum der Bandenviertel der West-Side.

Und mittendrin steht Dr. John Vazquez, Chefarzt der *Sinai*-Gruppe und leitender Anästhesist. »Im Sommer ist mehr los«, sagte er mir. »In den wärmeren Monaten haben wir vermehrt Trauma-Fälle.«

Sinai ist ein Trauma-Zentrum der Stufe 1, behandelt also die schwersten Fälle, und verfügt auch über eine Intensivstation für Neugeborene der Stufe 3, ebenfalls für die schwersten Fälle. »Zu uns kommen die Kränksten der Kranken. Wir erleben hier die allerschwersten Traumata«, berichtete Dr. Vazquez. »Für Familien ist die Gewalt hier verheerend.« Aber auch für die Ersthelfer ist es traumatisch, für die Leute in der Ambulanz und die Menschen, welche die Verletzten in der Notaufnahme und im Operationssaal empfangen.«

Um diesen Stress zu bewältigen, erlernte Dr. Vazquez vor ein paar Jahren TM, über ein Stipendium, das dem Krankenhaus angeboten worden war. An Dr. Vazquez' Erfahrung war ich ganz besonders interessiert, weil er nicht nur mit den Belastungen im OP, sondern auch mit dem Druck in der Chefetage umzugehen weiß. »Ich habe hier eine Doppelrolle«, sagte er mir. »Ich bin ausgebildeter Anästhesist, arbeite also in der Klinik. Ich bin allerdings auch medizinischer Leiter der Gruppe, mit über dreihundert Ärzten verschiedener Fachrichtungen. Das ist sozusagen der geschäftliche Teil meines Berufs. Ich leite nicht nur eine Abteilung, ich bin auch für den geschäftlichen Teil des Teams zuständig. Ich muss vielen Anforderungen gerecht werden.«

Dr. Vazquez kennt also die Auswirkung von Traumata aus erster Hand und weiß, wie sie sich auf die Belegschaft auswirken. In der Woche vor unserer Unterhaltung sprach Dr. Vazquez von einem Trauma-Fall, den er selbst behandelt hatte. »Es tut weh, wenn man sieht, in welch jungen Jahren die Menschen schon ihr Leben verlieren. Da geht so viel Potenzial verloren. Das kann zu Burnout führen. Ich habe miterlebt, wie Ärzte die Notaufnahme verließen und ihre eigene Praxis eröffneten, weil ihnen hier das Stressniveau zu hoch war.«

Dr. Vazquez liebt seine Arbeit, er ist gern für seine Leute da. Er meint, das Meditieren erlaube ihm, mit dem Stress seiner Arbeit zurechtzukommen. »Doch manche dieser Traumata bleiben haften«, gab er zu. »Wenn Sie das sehen, was wir hier erleben, lässt es Sie nicht ungerührt. Aber die Meditation ist ein mächtiges Instrument, das mir hilft, mit Stress umzugehen und mich vor ihm zu schützen.«

...

Bei diesen Geschichten von persönlicher Transformation und Heilung kann ich auch Joey Lowenstein nicht auslassen. Bis vor wenigen Jahren hatte ich noch nie ein autistisches Kind unterwiesen. Ich hatte aber von mir bekannten TM-Lehrern gehört, dass Meditation auch autistischen Kindern und Erwachsenen hilft.

Dann trat Joey in mein Leben. Seine Mutter Roberta Lowenstein meditierte bereits seit zwei Jahren. Sie erklärte mir, wie ernst sein Zustand war. Joey, damals fünfzehn, sprach kein Wort, kommunizierte aber über eine Buchstabentafel. Seinem IQ nach war er ein Genie, aber er konnte nicht stillsitzen. Schlimmer noch: Er litt unter fürchterlichen Ängsten.

Das muss man wissen, wenn man seine Situation verstehen will. Er war schwer behindert, und zusätzlich plagte ihn große Angst.

»Werden Sie ihn unterrichten?«, fragte mich seine Mutter.

»Natürlich«, antwortete ich.

Als wir uns zum Unterricht trafen, merkte ich rasch, dass es Joey sehr schwerfiel, bei der Sache zu bleiben. In der ersten Woche, nachdem er meditieren gelernt hatte, vermochte er seine Augen kaum mehr als ein, zwei Minuten lang zu schließen, bevor er aus seinem Stuhl aufsprang. Doch auf seine Weise ist Joey authentisch. Die Menschen lieben ihn – ich eingeschlossen. Wir blieben dran. Entweder brachte Roberta Joey zu den Folgetreffen in mein Büro, oder ich besuchte beide in ihrer Wohnung, damit Joey in gewohnter Umgebung bleiben konnte.

Er gehörte für mich fast zur Familie, und ich wollte, dass er vorankam.

Und es klappte. Nach etwa einem Monat meditierte Joey schon zweimal am Tag jeweils fünfzehn Minuten und war über seine Erfolge richtig glücklich. Seine Mutter meinte, er sei nun weniger ängstlich und habe mehr Selbstvertrauen. Sie erzählte, Joey sei kürzlich fast eine Stunde lang im Aufzug eines New Yorker Wolkenkratzers stecken geblieben. Nur mit seinem Betreuer und einer Flasche Wasser.

»Es war die TM, dank der Joey diese beängstigende Situation hatte meistern können«, sagte mir Roberta. »Er blieb von Anfang an und die ganze Zeit über ruhig.«

Ja, Joey wird sehr gefordert, und das weiß er sehr genau. Und doch ist er ein normaler Teenager. Er wünscht sich eine Freundin, er wünscht sich Freunde. Nur der Umgang mit ihm ist schwierig, und dadurch hat sich bei ihm der Eindruck festgesetzt, nie zu genügen.

Geht das nicht vielen von uns so? Ich erinnere mich, dass ich mich bei einem Besuch erkundigte, wie es mit seiner Meditation laufe. Er schrieb auf seine Tafel, er liebe sie. Ich wollte wissen, warum.

»Weil sie so einfach ist«, schrieb er. »Ich kann es.«

»Natürlich kannst du das«, antwortete ich. »Aber warum liebst du sie?«

»Es ist die einzige Zeit am Tag«, schrieb er, »in der ich nicht mit mir im Clinch liege.«

Das war ganz schön heftig, wie er das so klar ausdrückte. Nach diesem Gespräch zogen Roberta und Joey nach Georgia, wo die Umgebung für seine weitere Entwicklung günstiger ist. Roberta berichtete, Joey spreche nun immer mehr und werde zunehmend selbstsicherer. Seine regelmäßige TM-Praxis hält sie für einen der Faktoren, die das möglich gemacht haben – und Joey stimmt zu. Er meint zudem, die Meditation helfe auch seiner Mutter, in guter Verfassung zu bleiben.

»TM beruhigt meinen Geist und meine Mama«, schrieb er mir eines Nachmittags auf sein Brett, nachdem wir drei gemeinsam meditiert hatten.

...

TM hat also Joeys Leben sichtlich verbessert. Könnte TM dazu beitragen, dass Teenager, die nicht der Norm entsprechen, belastbarer werden und in stressigen Umständen handlungsfähiger? Könnte sie sowohl den stark gestressten, leistungsorientierten Kindern helfen als auch den unmotivierten »Versagern«?

Zweifellos vermag TM das, erklärt Dr. William Stixrud, einer der führenden klinischen Neuropsychologen der USA. Dr. Stixrud ist auch außerordentlicher Professor am *Children's National Medical Center* in Washington, DC, und Assistenzprofessor für Psychiatrie an der *George Washington University School of Medicine and Health Sciences*. Zudem ist er Ko-Autor des Buchs *The Self-Driven Child: The Science and Sense of Giving Kids More Control Over Their Lives* (Das selbstgesteuerte Kind: Theorie und Praxis, wie Sie Ihrem Kind mehr Kontrolle über sein Leben geben). Ich unterhielt mich mit Dr. Stixrud, denn er ist ein Experte, wenn es darum geht, wie Eltern und andere Erwachsene Kindern helfen können, ein Gehirn zu entwickeln, das effizient arbeiten kann. Er nennt das »ein Kind dehnen, ohne dass es zerbricht«.

Teenager bitten ihre Eltern natürlich nicht oft darum, ihnen einen TM-Lehrer zu suchen – meist, weil sie noch nie von dieser Technik gehört haben. Wenn sie aber dann meditieren, kommt es ihnen genauso zugute wie den Erwachsenen. Wie Erwachsene haben auch Jugendliche ihre Mitte – einen glücklichen und friedvollen Kern –, auf den sie mit TM zugreifen können, erklärt Dr. Stixrud. »Je öfter sie das machen, desto ruhiger und stressresistenter werden sie. Sind sie dennoch gestresst, baut sich das schneller ab, oft doppelt so schnell wie bei Kindern, die nicht meditieren. Meditierende Kinder schlafen in der Regel besser und sehen Probleme nüchterner. Sie gehen leichter durchs Leben, haben weniger Blessuren und Tränen.«

Das trifft auf Kinder zu, die in extremer Armut aufwachsen, aber auch auf Kinder aus vermögenden Verhältnissen, die in ihren Eliteschulen enormem Druck ausgesetzt sind. Kürzlich hielt Dr. Stixrud einen Vortrag auf einer Konferenz, an der mehrere Experten Daten diskutierten, die belegen, dass TM bei unterprivilegierten Kindern ein wichtiges Instrument zur Gewaltprävention ist. Da ergriff eine Frau das Wort, die ein High-School-Programm für leistungsstarke Schüler leitet, von denen viele äußerst gestresst sind. Sie berichtete, sie habe an ihrer Schule TM eingeführt, »weil ich es einfach nicht mehr ertragen konnte, auch nur ein einziges weiteres depressives Kind oder einen Schüler mit selbstverletzendem Verhalten in eine Klinik einzuweisen«.

Die Forschung hat gezeigt, dass TM praktisch jedem Teenager die Kraft gibt, noch einmal nachzudenken – oder überhaupt nachzudenken –, bevor er handelt. Sie macht impulsive Kinder nachdenklicher und hilft emotional reagierenden Kindern, weniger heftig zu sein. Dr. Stixrud erklärt das so: »TM ermöglicht es ihrem präfrontalen Cortex, die Amygdala besser zu regulieren, und das verbessert ihre Selbstkontrolle.«

Dr. Stixrud erzählt gern die Geschichte eines besonders hyperaktiven und impulsiven jungen Teenagers, den er bei einer TM-Studie kennenlernte. Der Junge meditierte seit drei Monaten gemeinsam mit anderen Schülern an einer Schule für Lernbehinderte, und Dr. Stixrud kam routinemäßig vorbei, um die Ergebnisse zu kontrollieren.

»Spürst du in deinem Alltag bereits Auswirkungen der Meditation?«, fragte er den Teenager. Sichtlich nachdenkend, antwortete der junge Mann nach einer Pause: »Also, wenn ich früher über den Flur ging und jemand hat mich angerempelt, habe ich mich umgedreht und ihm eine gescheuert.«

Dr. Stixrud nickte. Ganz der Profi.

»Aber jetzt, seit ich meditiere – rempelt mich jemand im Flur an, bleibe ich stehen und überlege mir: ›Soll ich ihm eine hauen oder nicht?‹« Dr. Stixrud meinte, als er nicht mehr lachen musste, ihm sei folgende Einsicht gekommen: »Kindern ihre Impulsivität abzugewöhnen ist ein harter Job. Insofern war das vielleicht das Schönste über Transzendentale Meditation, was mir je gesagt worden war!«

So wie dem Kind im Flur geht es vielen von uns, auch wenn die Frage nicht lautet: »Soll ich ihm eine reinhauen oder nicht?«, sondern vielleicht: »Soll ich überreagieren, seine E-Mail beantworten und allen zeigen, was für ein Idiot er ist?« Meditation gibt Ihnen die Zeit und den Raum, überlegt zu reagieren, nicht nur im jeweiligen Moment, sondern auch, wenn es um Größeres geht, etwa um die Frage, welche Ziele Sie in Ihrem Leben verfolgen.

...

Ich glaube, dass viele Menschen den Wert der Meditation für ihr Leben verstehen, wenn sie sehen, wie dies den Veteranen hilft. Man überlegt: »Wenn diese Technik sogar denjenigen hilft, die mit Stress und Angst der allerübelsten Sorte klarkommen müssen, dann sollte es wohl auch bei mir funktionieren.«

Ich darf Ihnen Melanie Pote vorstellen. Sie diente bereits achtzehn Monate bei der US-Army, als eines Tages alles schiefging. Am 20. März 2002 um 7 Uhr morgens beendete sie ihre Nachtwache am Munitionsdepot Fort Drum im Norden New Yorks. Es war Ausbildungswoche, deshalb bereiteten sich Melanie und die anderen Mitglieder des *110th Military Intelligence Battalions* auf einen Tag mit Schießübungen auf einem nahegelegenen Truppenübungsplatz vor. Doch zuerst mussten sie sich noch vor dem Verpflegungszelt zum Frühstück anstellen.

»Wenn ich die ganze Nacht über die Munition bewachte, war ich gewöhnlich die Erste, genau um sieben Uhr«, erzählte mir Melanie. »Aber aus irgendeinem Grunde hatte ich mich verspätet. Der Kumpel, der mich ablöste, meinte noch: ›Hey, es ist fünfzehn Minuten drüber, geh doch endlich.‹ Also ging ich los.«

Um 7:20 Uhr stand Melanie als Fünfte in der Schlange, als zwei Artilleriegranaten ihr Übungsziel verfehlten und durch das Zelt furchten. Die Granaten, von denen jede einen Panzer knacken konnte, wurden »in fahrlässiger Weise« von einem anderen Bataillon abgefeuert, wie später eine Untersuchung durch den damaligen Kommandanten von Fort Drum feststellte.

»Wir sahen die Granaten kommen«, erinnerte sich Melanie. »Und dann die Explosion. Der erste in der Schlange war sofort tot. Da stand ja gewöhnlich ich. Ein anderer Sergeant, den ich gut kannte, wurde ebenfalls getötet. Er starb allerdings nicht sofort. Er starb erst später. Ich erlebte seinen Todeskampf mit, als wir uns um ihn kümmerten.«

Melanie wurde durch die Luft geschleudert. »Ich habe nicht mal gemerkt, dass ich verletzt war. Ich habe versucht, allen anderen zu helfen. Dann sah ich zwei Granatsplitter in meinem linken Bein.«

Ihre Wunden heilten, das Trauma aber blieb. »Man rechnet einfach nicht mit so was. Nicht auf dem eigenen Stützpunkt. Man denkt, das passiert anderswo, im Irak.« Melanie kehrte nach Hause zurück, und dort verschlechterte sich ihr Zustand. »Aufgrund meiner Erfahrung mit PTBS weiß ich, dass es viele Reize gibt, die bei Soldaten posttraumatische Belastungsstörungen auslösen. So viele Geräusche können das Ereignis wieder wachrufen: ein Auto mit Fehlzündung, ein Feuerwerk …«

Schlimmer noch: Allein schon die Furcht vor einem solchen Auslöser hatte Melanie in einen Zustand fortwährender Panik versetzt. »Mein Brustkorb schnürte sich zusammen und schmerzte ständig«, sagte sie. Zehn Jahre später, in denen sie keinen Halt gefunden hatte, bat Melanie, die nun als Tätowiererin in Lawrenceville, Georgia, arbeitet, einen Therapeuten um Hilfe. Er arbeitete mit ihr an ihrem Schuldkomplex, denn sie hatte ja überlebt, andere nicht. Doch mit ihrer ständigen Angst lebte sie weiter. »Lange, lange Zeit war ich richtig verloren.«

Und nun stand sie vor mir und sprach mit mir, eine schüchterne und doch fröhliche junge Frau. Was hatte den Wandel ausgelöst? »Sie werden lachen, aber von der Meditation habe ich zum ersten Mal während eines Interviews mit dem Schauspieler Matt Bomer erfahren«, erzählte sie mir. »Er sagte sowas wie: ›Wir alle brauchen einen Reset-Knopf, damit wir den Tag angstfrei beginnen können.‹«

Das machte sie neugierig. 2016 beschäftigte sie sich mit TM, dann beschloss sie, es zu lernen. »Nach zwei Wochen der Praxis fuhr ich die Straße entlang, und da fiel mir auf: ›Halt mal, der Knoten in meiner Brust ist weg! Ich habe keine Brustschmerzen mehr! Die ständige Todesangst – weg!« Sie fuhr an den Straßenrand und rief ihren Meditationslehrer an. »Ich lachte, weil es so verrückt schien. So lange hatte ich mit dieser Angst gelebt, nur die Meditation hatte mir gefehlt, um das auszuheilen.«

Natürlich kehrt Melanies Trauma gelegentlich wieder, aber es wirkt sich nicht mehr so stark aus und löst sich schneller wieder. »Feuerwerk ertrage ich immer noch nicht«, sagte sie, »aber die ständige Angst ist weg. Stattdessen fühle ich mich ruhig.«

Melanies Geschichte sollten wir einmal in folgendem ernüchternden Kontext betrachten: Nach einer jüngst durchgeführten Studie des *US Department of Veterans Affairs* begehen jeden Tag 21 amerikanische Kriegsveteranen Selbstmord. Zwar machen Veteranen nur 9 Prozent der Bevölkerung aus, sie bringen sich aber doppelt so oft um. Das macht 18 Prozent aller Selbsttötungen aus. Die Studie untersuchte die Unterlagen von mehr als 50 Millionen Veteranen aus allen Bundesstaaten, von 1979 bis 2014. Am Erstaunlichsten war, dass 2014 rund 65 Prozent aller Selbstmorde von 50-jährigen oder noch älteren Veteranen erfolgten. Viele davon hatten in den letzten Kriegen kaum oder gar nicht mehr gekämpft.[1] Eine halbe Million US-Soldaten, die ab 2001 im Einsatz waren, kamen mit posttraumatischen Belastungsstörungen von ihrem Dienst zurück. Das militärische Forschungszentrum *Rand Center for Military Health Policy Research* schätzt die Kosten im

Zusammenhang mit PTBS und Depression auf 4 bis 6,2 Milliarden Dollar in zwei Jahren.[2]

In der ersten Studie, in der man TM zur Behandlung von posttraumatischem Stress eingesetzt hatte, wurden Vietnam-Veteranen untersucht. Sie zeigte nach dreimonatiger Praxis der Technik einen 52-prozentigen Rückgang der Angstsymptome, eine 46-prozentige Verminderung bei Depressionen und eine 40-prozentige Abnahme posttraumatischer Belastungsstörungen. Veteranen, die nicht mehr schlafen konnten, fanden endlich Erleichterung; viele, die in den Alkohol geflüchtet waren, hörten mit dem Trinken auf.[3]

Eine jüngere Untersuchung von Kriegsveteranen, die im Irak und in Afghanistan gewesen waren, zeigte eine 48-prozentige Verminderung bei posttraumatischem Stress und eine 87-prozentige Verbesserung bei Depressionen. Diese Ergebnisse zeigten sich bereits nach zwei Monaten TM-Praxis.[4]

2010 begann die *David Lynch Foundation* über die Initiative *Operation Warrior Wellness*, Veteranen, aktiven Militärs und Kadetten sowie ihren Familien, Kurse in TM anzubieten. So lernte Paul Downs meditieren. In seinen elf Jahren als Infanterist bei der US-Marine wurde Paul an Brennpunkten und in Kriegsgebieten in der ganzen Welt eingesetzt. Alleine im Nahen Osten diente er im Irak, in Oman, Katar und Kuwait. Als Paul bei den Marines ausgemustert wurde, freute er sich am allermeisten auf die Zeit mit seinen kleinen Kindern. Doch er hatte nicht geahnt, wie viel ihm seine Zugehörigkeit zur Marine bedeutete. Als Paul die Truppe verließ, sagte er mir, verlor er fast alles: seine Kumpel, sein Selbstwertgefühl und alles, woran er sich bislang festgehalten hatte. In der Folge verlor er jedes Gefühl für Zukunft, Lebenssinn und Gemeinschaft.

Paul litt an PTBS. Von außen, so vertraute er mir an, müsse er wie »ein weiterer zorniger, missmutiger Veteran gewirkt haben«. Er bat das Veteranen-Amt um Hilfe, er suchte Führung, Ziele, Zugehörigkeit. Doch geholfen, sagte er, habe das alles nicht. Und er gab auf.

»Ich ertrank in Selbstmitleid und Traurigkeit«, meinte er im Rückblick. »Ein paar Monate, nachdem ich die Uniform in den Schrank gehängt hatte, entwarf ich einen ausgeklügelten Selbstmordplan. Aber als ich in meinem Wagen saß und alles vorbereitet hatte, dachte ich plötzlich: ›Ich habe nicht das Recht, mich umzubringen. So handelt kein Krieger. Der Krieger schätzt das Leben, er wird nicht zum Opfer der Umstände.‹«

Verzweifelt nahm Paul Kontakt zu dem *Boulder Crest Retreat* in Virginia auf, einem renommierten Wohnheim für Veteranen, aktive Militärs und Ersthelfer. Dort wird versucht, die verborgenen Wunden der Traumata zu heilen. Und dort erlernte er auch Transzendentale Meditation.

»Was man mir in *Boulder Crest* beibrachte, war ausgezeichnet, aber vieles davon, wie Pferdetherapie oder Bogenschießen, war außerhalb der Mauern des Retreats nicht anwendbar«, erzählte er mir. »TM ist anders. Man kann sie mit sich nehmen und überall anwenden: zu Hause, im Flugzeug, im Stau, überall. Wir Veteranen brauchen diese Meditation. Wir müssen lernen, uns zu beherrschen, damit wir daheim ruhig, cool und gefasst bleiben – so, wie wir auch für das Schlachtfeld ausgebildet worden sind. TM funktioniert bei mir, und es funktioniert bei Tausenden meiner Brüder und Schwestern. Mir hat sie ermöglicht, nicht nur zu überleben, sondern wieder aufzublühen. Mein Leben ist nun sinnvoll, wieder voller Bedeutung, Beziehungen und Dienst am anderen.«

...

Vor fünf Jahren finanzierte das US-Verteidigungsministerium eine klinische Studie mit 2,4 Millionen Dollar. Man wollte herausfinden, wie sich das Programm der Transzendentalen Meditation auf schwere Traumasymptome und Depression auswirkt. Verglichen wurde sie mit kognitiver Verhaltenstherapie (Änderung von Verhaltensmustern zur Symptomlinderung). Hier werden die Versuchspersonen über einen längeren Zeitraum hinweg auf gefahrlose Weise mit dem konfrontiert, was bei ihnen Furcht auslöst. Die zweite Kontrollgruppe erhielt Gesundheitsberatung. Die randomisiert-kontrollierte Studie wurde am *VA San Diego Healthcare System* durchgeführt. 203 Veteranen mit bestätigtem posttraumatischem Stress nahmen teil.

Die Ergebnisse, die dem *Military Health System Research Symposium* im August 2017 vorgelegt wurden, zeigten: Im Vergleich zur Gruppe mit der Gesundheitsberatung hatte sowohl die TM-Gruppe als auch die Gruppe mit der Konfrontationstherapie (bei PTBS sozusagen der Goldstandard) Traumata und Depressionen nach drei Monaten signifikant reduziert. Mehr noch: Der Effekt war bei der TM-Gruppe höher als bei der Konfrontationsgruppe.

Dr. Sandy Nidich, eine der Ko-Studienleiter, berichtete mir: »Transzendentale Meditation ist keine Behandlung, die gezielt auf Traumata ausgerichtet ist. Dennoch ist sie anderen PTBS-Therapien, etwa der Konfrontationstherapie, vorzuziehen, da diese Ansätze ja den wiederholten und engen Kontakt mit dem angsterzeugenden Reiz vorsehen.«

MEINE EIGENE GESCHICHTE

Ich kann Sie kaum bitten, darüber nachzudenken, was Ihnen die Meditation bringen könnte, wenn ich Ihnen nicht auch erzähle, was ich selbst der TM zu verdanken habe.

Ich wuchs in der San Francisco Bay Area auf, in den 1950er- und 1960er-Jahren. Von meiner Mutter, einer Lehrerin, erbte ich meine Leidenschaft für Pädagogik, von meinem Vater, einem Radiologen, meine große Hochachtung vor der Wissenschaft und eine gesunde Portion Skepsis. Während der Weltwirtschaftskrise finanzierte mein Vater sein Studium an der medizinischen Hochschule von Detroit mit dem Austragen von Zeitungen; im Zweiten Weltkrieg diente er als Arzt an der Front, in Europa. Er kehrte mit einer zertrümmerten rechten Hüfte und chronischen Schmerzen in Hüfte, Knie und Rücken zurück. Die behielt er sein Leben lang. Der Generalarzt operierte ihn drei Mal an der Hüfte und machte es jedes Mal schlimmer. Einmal verbrachte er neun Monate lang im Ganzkörpergips am *Walter Reed Hospital* in Washington, DC. Neun Monate voller extremer Schmerzen in einem Gipsverband in der schwülen Hitze Washingtons, ohne Klimaanlage. Das muss man sich mal vorstellen!

All das weiß ich nur von meiner Mutter, weil mein Vater nie vom Krieg sprach. Als Kind fand ich eine Schachtel mit seinen Orden und fragte ihn ganz aufgeregt aus. Unangenehm berührt rutschte er auf seinem Stuhl hin und her, sah weg und wechselte das Thema, als hätte ich ihm eine Schachtel modriger Steine gezeigt. Auch die Freunde meines Vaters – fast sämtlich Veteranen – sprachen nie über das, was sie erlebt hatten.

Vater arbeitete als stellvertretender Leiter der Radiologie am *Veterans Administration Hospital in Fort Miley* in San Francisco. Es liegt auf einem spektakulären Aussichtspunkt, dort, wo sich der Pazifik mit der San Francisco Bay verbindet. Meine Eltern, meine ältere Schwester Ellen und ich zogen mehrmals um, zuerst für einige Monate nach San Francisco, dann über die Golden Gate Bridge nach Greenbrae in Marin County. Nach wenigen Jahren kamen meine Brüder Bill und Tom zur Welt. In nicht nur einer Hinsicht fühlten wir uns wie eine Militärfamilie. Weil mein Vater, als er verwundet wurde, den Rang eines Captains innehatte, durften wir in einem Supermarkt auf der *Hamilton Air Force Base* einkaufen, eine halbe Autostunde nördlich, in Novato. Es war umständlich, dorthin zu kommen, es sparte uns aber viel Geld.

So zurückhaltend mein Vater war, so großherzig und liebevoll war meine Mutter. Immer stand unser Haus offen. Sie kannte Leute im Büro der Vereinten Nationen in San Francisco; man rief sie an, wenn ein ausländischer Diplomat eine Bleibe suchte. Meine Geschwister und ich wachten morgens auf und erfuhren, dass der Finanzminister Ghanas drei Monate bei uns wohnen würde. Für jeden ausländischen Austauschstudenten, der auf den letzten Drücker eine Unterkunft brauchte, waren wir der Notnagel.

Wegen Vaters kriegsbedingter, chronischer Schmerzen bauten meine Eltern in unserem Garten einen Swimmingpool, zur Therapie. Hätten Sie meine Mutter gekannt, dann wüssten Sie, was dann geschah. Sie arbeitete ehrenamtlich, mit körperlich und geistig behinderten Kindern, an der *Marindale School*. Oft lud sie ihre Schüler ein, uns und den Pool zu besuchen. Als sie merkte, wie glücklich das die Kinder machte, kontaktierte sie eine Schule in der Innenstadt von Marin City und ließ auch deren Schüler bei uns schwimmen. Manchmal kam ich von der Schule nach Hause und fand eine ganze Busladung von vierzig afroamerikanischen Schulkindern in unserem Garten. Sie schwammen und hatten ihren Spaß.

Vater hoffte, ich würde Arzt werden, aber für mich war das nichts. Als ich zehn wurde, versuchte er, mich für Medizin zu interessieren und nahm mich mit nach Fort Miley. Samstagmorgens, wenn ich vor der Garage den Baseball gegen die Mauer warf und die Bälle mit dem zerschlissenen Willie-Mays-Handschuh auffing – nachts nahm ich ihn sogar mit ins Bett! – meinte er: »Okay, Bobby, wir fahren ins Krankenhaus, ich sehe mir ein Röntgenbild an, und dann fahren wir zum Candlestick Park.«

Dort, im Candlestick, spielten meine geliebten San Francisco Giants. Die Aussicht, ein Spiel der Giants zu besuchen, fand ich großartig. Also fuhr ich mit nach Fort Miley und wartete dort im Warteraum des Krankenhauses. Unweigerlich wurden aus einem Röntgenbild zehn und dann mehr, als dass ich sie noch hätte zählen können. Denn Notfälle gab es immer. Meist saß ich dort stundenlang. Und dort sah ich sie, diese vom Krieg gezeichneten, traurigen Veteranen, wie sie in ihren Rollstühlen und Verbänden die sterilen Flure auf- und abfuhren. Gebrochene Männer. Der Anblick ihrer physischen und psychischen Schmerzen hinterließ bei mir einen tiefen Eindruck. Vielleicht zieht mich deshalb die Arbeit mit Veteranen nahezu magisch an, auch heute noch.

Mein Vater hatte auch damit begonnen, einmal die Woche im Staatsgefängnis San Quentin, das ein paar Meilen von unserem Haus entfernt lag, ehrenamtlich Röntgenaufnahmen zu begutachten. Ob Sie's glauben oder nicht, aber auf dem Gefängnisgelände gab es ein Restaurant, das von Insassen betrieben wurde, die als vertrauenswürdig galten. Ein- oder zweimal im Monat wurden meine Schwester, meine Brüder und ich von unseren Eltern dorthin zum Essen mitgenommen, denn nirgendwo sonst konnte man mit einer sechsköpfigen Familie so preiswert essen gehen wie in einem Gefängnis. Saß man in San Quentin ein, dann deshalb, weil man etwas besonders Brutales und Gewalttätiges verbrochen hatte – oft war es Mord. Aber die Restaurantbedienung erschien mir menschlich. Insbesondere erinnere ich mich an den Kellner Tommy, einen Riesen, dem die beiden mittleren Finger an der linken Hand fehlten. Tommy wusste immer, was ich wollte: frittierte Hühnersteaks.

Als meine Freunde von meinen Gefängnisbesuchen erfuhren, wollten sie natürlich alle mitkommen. Freitags nach der Schule zu mir nach Hause zu kommen, mit meiner Familie in San Quentin zu Abend zu essen und danach *The Twilight Zone* im Fernsehen zu schauen und bei mir zu übernachten, das war das Größte. Wenn das Licht ausgeknipst wurde, malten sich meine Freunde die wildesten Geschichten aus, was diese Männer ins Gefängnis gebracht haben könnte. Ich spielte mit, fragte mich aber auch, wie übel ihnen das Leben mitgespielt haben musste, dass sie am Ende hinter Gittern saßen.

Vielleicht lag es an meiner Erziehung, aber ich begann schon früh, mich für Politik zu interessieren. Ich träumte von einer Karriere im Staatsdienst. Ich verehrte Präsident John F. Kennedy, wie die meisten meiner Mitschüler. Ich erinnere mich, wie ich im Frühjahr 1963 Mitglied der Pfadfinder wurde, um Präsident Kennedys Aufruf zu folgen, mit einer 80-Kilometer-Wanderung etwas für die eigene Fitness zu tun.

Schon damals wusste ich, welch großes Privileg es war, in den Bergen aufwachsen zu können, im Norden der Bucht von San Francisco. So oft ich konnte, wanderte und kampierte ich auf dem Mount Tamalpais. Im Oktober 1963 wurde ich dreizehn, war ein Eagle Scout und hatte mich in Denise Biancalana verliebt, meine erste Freundin.

Und dann wurde Präsident Kennedy ermordet. Rückblickend vermute ich, dass das die ganze Nation tiefgreifend traumatisierte, ganz besonders die Kinder. Ich war gerade einmal dreizehn Jahre alt und, was den Tod anlangte, noch völlig ahnungslos. Ganz sicher traf es mich bis ins Mark. Ich entsinne mich, wie schrecklich ich mich fühlte und dass ich mich fragte, wie die

Sonne am nächsten Tag noch aufgehen konnte. Wie konnte das Leben jetzt einfach so weitergehen?

Aber es ging weiter, nur war es nicht mehr dasselbe. Im Herbst 1967, meinem letzten Jahr an der High School, wurde mir, wie vielen anderen Jugendlichen auch, der Aufruhr bewusst, in dem sich unsere Welt befand. Wie viele andere war ich ganz vernarrt in Präsident Kennedys Bruder Bobby, der gerade Senator von New York geworden war. Seine Vision war auch meine: eine gerechtere Welt. Ich fühlte mich nicht als Demokrat oder Republikaner. Das nicht. Ich wollte nur, dass die Welt besser würde. Ich wurde im Oktober 1968 von der *University of California* in Berkeley aufgenommen. Ich plante, in Berkeley Jura zu studieren, Anwalt zu werden und dann US-Senator, wie Bobby Kennedy. Ich dachte, Politik und politische Veränderung, das sei der Weg, das Leben der Menschen zu verbessern.

Im Sommer vor meinem Studienbeginn gab ich dem zwölfjährigen Afroamerikaner Kenny Nachhilfestunden. Seine Familie war arm; sie lebten in einer Sozialwohnung in Marin City. Ich half Kenny vor allem beim Lesen, denn das hatte ihm die Schule nicht beigebracht. Es gab nur Kenny und seine Mutter, und ich freundete mich mit beiden an. Bei einem Besuch lieh ich mir Vaters Nikon und machte Fotos von ihnen. Die Schwarzweißbilder entwickelte ich selbst und schenkte seiner Mutter einen 33 Zentimeter breiten Abzug. Sie liebte das Bild. Als ich aber das Bild entwickelte und diese wunderschöne, lächelnde Mutter mit ihrem Sohn betrachtete, fragte ich mich, was wohl aus Kenny werden würde. Das war nichts Neues: Ich sah Kenny einmal die Woche, und die restliche Zeit war ich mit meinen Gedanken bei ihm. Er lernte nicht viel in der Schule, und die Welt um ihn herum schien ihn sogar noch darin zu bestärken, dass es auf Bildung nicht ankam.

Am 1. Juni 1968 erlebte ich Senator Kennedy persönlich, bei einer Wahlkampfrede in San Franciscos Stadthalle. Ich erinnere mich, wie der Protestsänger Bobby Darin »Mackie Messer« sang.

Und dann sprach Senator Kennedy. Ich spürte, dass ich Teil von etwas war, das die Welt verändern konnte. Es fühlte sich gut an.

Vier Tage später wurde Bobby Kennedy im Ambassador Hotel in Los Angeles ermordet. Das war gerade zwei Monate nach der Ermordung von Dr. Martin Luther King, Jr. Für den idealistischen Siebzehnjährigen, der ich war, war der Schmerz, der mit diesem Verlust verbunden war, schier unerträglich.

Das erste Jahr in Berkeley war extrem schwer. Die Universität befand sich in anhaltendem Aufruhr; die Antikriegsdemonstrationen entwickelten sich zum Aufstand. Hubschrauber versprühten Tränengas; vor meinem Wohnheim hatten Einsatzwagen der Polizei und Panzer der Nationalgarde Stellung bezogen. Ich entsinne mich, wie ich nach einer Physikstunde die College Avenue entlanglief und hinter mir das Trampeln von Stiefeln hörte. Ich drehte mich um, und dreißig Bereitschaftspolizisten aus Oakland stürmten knüppelschwingend auf *mich* zu. Ich hatte nichts getan. Zum Glück war ich viel schneller als sie.

Ich war achtzehn, und das erste Jahr am College gilt sowieso als turbulent. Aber angesichts der Unruhen auf dem Campus war mein erstes Jahr turbulent hoch zwei. Zum ersten Mal in meinem privilegierten Leben bekam ich eine Ahnung davon, was es bedeutete, unstet, neben der Spur und unsicher zu sein. Schon Kleinigkeiten machten mir Sorgen, und meine überzogene Reaktion auf triviale Ereignisse machte alles noch schlimmer.

Jeder schien zu einer Gruppe zu gehören: Linke, Rechte, Hippies, Sportler, religiöse Fanatiker. Nichts davon passte zu mir. Ich nahm keine Drogen, und mit der scharfen politischen Polarisierung konnte ich nichts anfangen. Ich wollte nur möglichst glatt von der Vorstadt-High-School zur Universität wechseln, um dann eines Tages mitzuhelfen, die Welt zu verbessern.

Der äußerst kontroverse Präsidentschaftswahlkampf 1968 zwischen Richard Nixon und Vizepräsident Hubert Humphrey desillusionierte mich. Mein Traum von einer politischen Karriere verflog. Nun war es die Begeisterung meiner Mutter für das Unterrichten, die mich inspirierte. Die Erinnerungen an die Arbeit mit Kenny und an seine Mutter kamen hinzu. Ich beschloss, meinen Doktor in Pädagogik zu machen. Ich wollte mich auf die Erstellung von Lehrplänen spezialisieren. Kinder sollten nicht nur die Grundlagen lernen, wie etwa Algebra. Sie benötigten auch soziale und emotionale Instrumente, mit denen sie überleben und die Herausforderungen zumindest bewältigen konnten. Dem irischen Dichter William Butler Yeats stimmte ich aus vollem Herzen zu: »Menschen bilden bedeutet nicht, ein Gefäß zu füllen, sondern ein Feuer zu entfachen.«

Während ich auf dieses Ziel hinarbeitete, jobbte ich bei *Swensen's*, einem Eissalon auf der Durant Avenue, um nebenher etwas Geld zu verdienen. Er lag gleich im Norden der Telegraph Avenue, wo praktisch täglich gegen den Krieg in Vietnam demonstriert wurde. Und bei *Swensen's* lernte ich einen Kollegen namens Peter Stevens kennen.

Peter war sechsundzwanzig und hatte einen Master der *Tufts University* bei Boston. Jetzt studierte er Landschaftsarchitektur, in Eigenregie. Er arbeitete Teilzeit bei *Swensen's*, um sich seinen Lebensunterhalt zu verdienen. Viele Leute mochten ihn. In Berkeley schien er der einzige Bodenständige und Normale zu sein – was im Berkeley des Jahres 1968 ein großes Lob war.

Sechs Monate hatte ich mit Peter bereits zusammengearbeitet, als ich eines Abends um zehn eine Pause beim Büffeln einlegte und zu *Swensen's* ging, um mir ein Eis zu kaufen. Ich wusste, Peter hatte Spätschicht, aber ich konnte ihn nirgends sehen.

»Wo ist Peter?«, fragte ich eine andere Bedienung.

»Oh, der ist da hinten und meditiert«, antwortete sie.

»Was?«

Allein schon das Wort *meditiert* traf mich wie ein Blitz. Es rief allerlei seltsame Vorstellungen hervor und gehörte nun wirklich nicht zu meinem Wortschatz. Aber dann kam er zurück an die Theke, und er war wie immer, einfach Peter, nur etwas fröhlicher als sonst, er lächelte mehr, und sein freundliches Gesicht strahlte noch mehr Gelassenheit aus. Das ließ mich aufhorchen.

Ich fragte ihn, was er da gemacht habe, und er meinte, er praktiziere Transzendentale Meditation. Ich hatte natürlich davon gehört. Anfang 1968 waren die Beatles nach Indien geflogen, sie wollten bei Maharishi ihr TM-Wissen vertiefen, und die Presse hatte groß berichtet.

Mit geschlossenen Augen dazusitzen und zu meditieren hatte mich nie besonders gereizt. Ich betrachtete mich als einen Menschen der Tat, als jemanden, der seine Sachen geregelt bekommt. Ich wollte die Welt verändern – dazu war es nötig, etwas zu *tun*. Auch dachte ich, dass das möglicherweise eine Philosophie sei oder eine Art Religion, und so etwas interessierte mich einfach nicht.

Andererseits war ich doch ziemlich gestresst, und vor Peter hatte ich großen Respekt. Ich war neugierig geworden. Ich bat ihn, mir mehr zu erzählen. Er verwies mich auf das TM-Center im Channing Way, einen Block südlich der College Avenue und nur wenige Blocks östlich vom Campus. Ich kannte das Gebäude. Dort hing ein Schild, auf dem in Großbuchstaben stand: *STUDENTS INTERNATIONAL MEDITATION SOCIETY* (Internationale Meditationsgesellschaft für Studenten). Ich war schon oft dort vorbeigekommen, auf meinem Weg vom Studentenheim Putnam Hall zur Wohnung meiner Schwester Ellen im Hillside Court in den Berkeley Hills.

Ich beschloss, Peter zu vertrauen, ins kalte Wasser zu springen und einen sogenannten Einführungsvortrag zu besuchen. Der dreistöckige, weiße Stuckbau verfügte über einen großen Vortragsraum mit dreißig Stühlen, die wie in einem Theater aufgereiht waren. Es fühlte sich gut an. Es war alles ganz normal. Es gab weder Sitzkissen noch Händchenhalten in der Gruppe.

Den Vortrag hielt eine Endzwanzigerin. Sie umriss die Grundlagen und den Nutzen der Praxis. Abschließend wollte sie wissen, ob jemand noch Fragen hätte. Ich hob die Hand und fragte: »Das klingt ja alles ganz schön – aber woran muss ich glauben, damit es funktioniert?«

Die Frau nickte freundlich. Dann hielt sie in der rechten Hand ein Stück Kreide hoch. Sie wartete einen Augenblick und ließ die Kreide dann in ihre linke Hand fallen, die sie darunter hielt.

»Man muss nicht an die Schwerkraft glauben, damit die Kreide fällt«, sagte sie. »Ebenso wenig müssen Sie an etwas glauben, wenn Sie TM praktizieren.« Man könne sogar, meinte sie, zu 100 Prozent skeptisch sein, und die Technik wirke dennoch.

Das kam bei mir an. Mir gefiel, dass ich skeptisch bleiben durfte und nicht an Transzendentale Meditation »glauben« musste, damit sie funktioniert. Ich hatte eigentlich bei der ganzen Sache nur eine feste Überzeugung – dass ich der einzige Mensch sei, der nicht meditieren könne. Sie meinte, diese Befürchtungen hätten alle, und doch würde es jeder lernen.

Zwei Tage später, an einem sonnigen Samstagmorgen, es war der 28. Juni 1969, kehrte ich ins TM-Center zurück, um den Kurs zu beginnen.

Meine Lehrerin war Sylvia Schmidt. Sie war Anfang dreißig, eine Akademikerin mit leiser und ruhiger Stimme. Ich ging mit ihr in das kleine Unterrichtszimmer im zweiten Stock des Centers.

»Okay, nun bin ich da«, dachte ich, als ich mich zu ihrer Linken auf einen bequemen Stuhl setzte.

Sylvia führte mich durch die ersten Schritte der Unterweisung, und ich spürte, wie mein Geist und mein Körper in einen Zustand tiefer Entspannung eintauchten. Man erinnere sich: Ich war ein verkrampfter, zutiefst skeptischer Achtzehnjähriger. Und dennoch: Schon in meiner allerersten Meditation spürte ich nach wenigen Sekunden, wie ich von einer Welle körperlichen Friedens ergriffen wurde. Die Verspannungen in Nacken, Schultern und Bauch lösten sich auf – mein rastloser Geist beruhigte sich. Und doch war ich ganz bewusst, völlig wach. Es fühlte sich einzigartig und doch vertraut an, ganz natürlich. Als die Meditation vorbei war, dachte ich: »Irgendwas ist da dran. Das ist nicht nur Einbildung oder Erwartung, da ist *wirklich* was dran.«

Und einer meiner nächsten Gedanken war: »Das würde ich gern Kindern beibringen.«

Schnell lernte ich, dass man bei TM nichts bewertet. Es gab keine Fallstricke. Man musste keinem Verein beitreten, keine Mitgliedsbeiträge bezahlen und wurde nicht gezwungen, irgendetwas zu kaufen. Sylvia trug mir auf, am späten Nachmittag erneut zu meditieren. Ich hatte geplant, für mein Studium in Ellens Wohnung zu lernen, nur wollte ich nicht, dass meine Schwester mitbekam, dass ich zu meditieren begonnen hatte. So sagte ich ihr, ich ginge in den Garten, um zu lesen. Ich kam auf die tolle Idee, auf einer kleinen, in den Bergen verborgenen Terrasse zu meditieren. Dort gab es keine Stühle, deshalb setzte ich mich auf die Holzbretter. Dann meditierte ich – und wurde von den Mücken förmlich verspeist. So wurde mir klar: Man muss nicht im Freien sitzen, um die Natur zu genießen. Seither denke ich immer, wenn jemand sagt, man könne doch draußen meditieren: »Aber ein Zimmer mit einem Stuhl ist auch nicht schlecht!«

Ich erzählte meiner Familie davon, und sie begannen, Veränderungen an mir zu bemerken. Ellen begann sechs Monate nach mir. Weil es den beiden Roths guttat, begannen einen Monat später auch meine Eltern und meine Brüder Bill und Tom.

Es tat gut zu sehen, wie diese Menschen, die ich mein Leben lang kannte und liebte, sich durch TM besser fühlten, glücklicher wurden und zu sich selbst fanden. Meine Eltern meditierten, bis sie von uns schieden, auch meine Schwester und meine Brüder sind nach Jahrzehnten noch dabei. Meine Schwester Ellen, die zwei Jungs großzog und nun viel Zeit mit ihren Enkeln verbringt, wie auch Tom, der eine Marktforschungsfirma betreibt und ehrenamtlich HIV-Trägern TM beibringt, ließen sich in den frühen 1970er-Jahren ebenfalls zu TM-Lehrern ausbilden. Beide unterrichten noch heute. Bill, der als Bauunternehmer Ökohäuser und kleine Bürogebäude errichtet, meditiert regelmäßig seit 1970.

Weil ich sah, wie gut TM den Menschen tat, die ich liebte, beschloss ich, dass ich sie anderen beibringen wollte. 1972 erfuhr ich, dass auf Mallorca ein Lehrerausbildungskurs mit Maharishi anberaumt worden war. Es war außerhalb der Saison, von Januar bis Mai, also gab es hübsche Hotelzimmer zu günstigen Preisen. Maharishi unterwies mich und Tausende andere, wie man anderen die Meditation beibringt. Ich mochte diese Gespräche, die sich über viele Stunden erstrecken konnten. Es ging um die Parallelen zwischen der uralten Wissenschaft vom Bewusstsein und den modernen Wissenschaften: Quantenphysik, Neurowissenschaft, Biochemie, Psychologie. Die Gespräche wirkten zeitlos und waren so anwenderorientiert wie abstrakt. Nach meiner Lehrerzertifizierung ging ich zurück in die Bay Area, wo ich öffentlich und in den örtlichen Schulen, Unternehmen und Regierungsbehörden TM unterrichtete.

Eine meiner nachhaltigsten Erinnerungen aus jener Zeit ist, wie ich Wärtern und Insassen im Gefängnis San Quentin die TM beibrachte. Ich kam wegen eines Hells Angels wieder dorthin, der im Folsom State Prison inhaftiert war. Er hieß Pat Corum und war ein geständiger Mörder. Mein enger Freund George Ellis, ebenfalls TM-Lehrer, hatte Mitte der 1970er das Programm »TM im Gefängnis« begonnen. Er ging nach Folsom, um Pat zu unterweisen. Dem Hells Angel half das so sehr, dass er im Gefängnis das Dealen einstellte und stattdessen den anderen vom Meditieren erzählte. Pat bat George, auch andere Häftlinge zu unterrichten, und angesichts der Ergebnisse dort beschloss man, das Programm nun auch in San Quentin zu starten. Studien wurden veröffentlicht, die belegen, dass die Rückfallquote um 50 Prozent gesenkt werden konnte. Unter dem Gesichtspunkt, dass 80 Prozent aller Straftaten von Rückfälligen verübt werden, war mir schon damals klar, welche Wirkung die Transzendentale Meditation für das überlastete Justizsystem haben könnte.

Ich führe Sie nun hinter die Mauern von San Quentin der frühen 1980er. Hatte man um 20 Uhr einen Termin, musste man bereits um 18 Uhr dort sein, weil einen dann erst einmal zwei Stunden mit Abtasten, Metalldetektoren und Formularen erwarteten. Man verbrachte jede Menge Zeit auf alten, verbeulten Metallklappstühlen; die Räume waren schon lange nicht mehr renoviert worden, von den Wänden blätterte der Putz. Man musste vier massive Pforten durchqueren und jedes Mal ein neues Formblatt unterschreiben, das im Grunde besagte: »Nimmt man Sie als Geisel und Sie wollen wieder freikommen: Das Gefängnis verhandelt nicht.«

Ich erinnere mich an einen Abend im Jahr 1981. Ich saß in einem nackten, fensterlosen Gemeinschaftsraum, um einen Auffrischungskurs für Häftlinge zu geben, die das Meditieren schon gelernt hatten. Etwa dreißig Männer saßen da, die meisten zu jung oder zu alt, als dass sie hier sein sollten. Sie saßen auf Metallstühlen. Es gab alle Rassen, aber alle trugen identische Bluejeans und blaue Arbeitshemden. Der Gruppenaufseher war Baptistenprediger; er meditierte ebenfalls.

Nach der Meditation kam ein anderer Wärter zu mir; er hatte still zugesehen. »Eine Premiere«, meinte er.

Ich dachte zuerst, er mache sich über die Meditation lustig, aber er blieb ganz ernst.

»Ich habe in diesem Gefängnis noch nie ausgerechnet diese Typen zusammensitzen und die Augen schließen sehen«, fuhr er fort. »Weder in der Kantine noch sonst irgendwo.«

In San Quentin die Augen zu schließen könne nämlich schnell mit einem Messer im Rücken enden.

»Ist Ihnen eigentlich bewusst, dass hier gerade die Arische Bruderschaft, die mexikanische Mafia und die Black Panther zusammensaßen, alle im gleichen Raum?«

Wir nannten das San-Quentin-Programm *Freiheit hinter Gittern*.

MEDITATIVE MOMENTE
Immaterielles wird entwickelt – Größe ist der Gewinn

Tony Spinosa ist der Leiter der Sport- und Gesundheitsfakultät an der National Defense University (NDU) *in Washington, D.C., einer Einrichtung für Mitglieder der US-Armee. Die* NDU *soll militärische und zivile Führungskräfte darauf vorbereiten, aufkommende Gefahrenlagen vorherzusehen und ihnen zu begegnen. Militärstrategie, weltweite Einsätze und technologische Forschung sind Studienschwerpunkte.*

Bevor er zur NDU kam, diente Tony zwanzig Jahre in der US-Armee. 1999 ging er als Oberstleutnant in den Ruhestand. Er war Trainer der Studienanfänger im Football an der West Springfield High School *im nördlichen Virginia, hatte seinen Master an der* George Mason University *gemacht und wurde als Krafttrainer von Trainer Joe Gibbs zu den Washington Redskins geholt, eine Profi-Fußballmannschaft. Wenige Jahre später übernahm er die Leitung der Fitnessabteilung an der NDU, weil er so, wie er sagte, der körperlichen Fitness Elemente mentalen und spirituellen Wachstums hinzufügen konnte.*

An der National Defense University *setzt er sich vorrangig für Werkzeuge und Techniken ein, die seinen Studenten lebenslange Gesundheit und Fitness ermöglichen. Die meisten von ihnen befinden sich in den 40ern und 50ern, und viele werden später einmal US-Generäle und Admirale werden. Auch den Lehrkörper und die NDU-Angestellten unterrichtet er.*

Wir kümmern uns um drei Aspekte von Fitness. Zuerst kommen Ernährung und Sport. Wir arbeiten mit Menschen, die Stoffwechselstörungen, einen hohen Cholesterinspiegel und noch andere gesundheitliche Probleme haben. Als Zweites arbeiten wir auf dem Gebiet kognitiver Leistungen, wir trainieren Gedächtnis und Konzentration. Drittens fördern wir das spirituelle Wohlbefinden. Das heißt, wir arbeiten an Dingen, die nur schwer greifbar sind: Wer sind wir, was treibt uns zum Erfolg, was lässt uns über uns hinauswachsen?

Meditation wollte ich immer schon in den NDU-Lehrplan aufnehmen, denn sie fördert alle drei Bereiche. Ich las sehr viel über die Wissenschaft der Meditation. Ich probiere mehrere Methoden von Achtsamkeit und geführter Meditation aus. Persönlich finde ich, dass keine leicht zu praktizieren ist. Mein Gehirn, meinen Kopf zur Ruhe zu bringen, das gelang mir nicht. Dann schlug mir letztes Jahr mein Thorax-Chirurg Dr. Hassan Tetteh vor, es mit Transzendentaler Meditation zu versuchen. Ich fing an und fand sie erstaunlich einfach zu erlernen und zu praktizieren. Bei mir hat sie schon viel bewirkt. Ich kann mich viel besser konzentrieren, kann klarer denken und bin auch weniger ängstlich. Situationen und Umstände, die mich früher gestresst hatten, machen mir jetzt nichts mehr aus.

Als ich den Studenten TM anbot, machte ich mich auf eine gewisse Skepsis gefasst, vielleicht sogar Widerstand. Aber das Gegenteil war der Fall. Ich war überrascht, wie viele schon gut informiert und offen waren. Von den 600 Studenten des Schluss-Semesters lernten in den ersten Semesterwochen über hundert TM. Inzwischen haben wir eine lange Warteliste für alle, die noch lernen wollen.

An TM gefällt mir, dass sie den Teil meines Gehirns beruhigt und verjüngt, der sonst nie Ruhe kriegt. Die Morgenmeditation bereitet mich auf den Tag vor, die Nachmittagsmeditation wäscht den Stress des Tages aus meinem Körper und meinem Gehirn wieder heraus. Meine Frau hat sie auch erlernt, und wir meditieren gemeinsam, so oft es geht.

———————— • ————————

Ich gebe gerne Meditationskurse, und zwar allen Menschen. Die Arbeit mit Kindern nimmt jedoch einen besonderen Platz in meinem Leben ein. Ganz am Anfang wollte ich ja zu einer besseren Welt beitragen, und da fängt man am besten bei den Kindern an. 2004 traf ich einen Gleichgesinnten. Es war der berühmte Regisseur, Maler, Musiker, Holzschnitzer, Bildhauer und langjährige TM-Praktizierende David Lynch, von dem vorher schon die Rede war. Wir wurden schnell Freunde, wie Brüder. Zuerst arbeiteten wir gemeinsam an dem Projekt eines großen Meditations-Centers in L.A. Mehrere Monate danach sprach ich mit David und Dr. John Hagelin, einem in Harvard studierten Quantenphysiker, der die TM-Organisationen der USA leitet, über meinen lebenslangen Wunsch, TM jungen Menschen beizubringen.

»Wir sollten eine Stiftung gründen«, meinte ich.

»Gute Idee«, pflichteten David und John bei.

»Es sollte in deinem Namen geschehen, David«, warf ich ein.

»OK«, sagte er.

»Soll ich eine Presseerklärung aufsetzen, die die *David Lynch Foundation* bekannt gibt?«

»Klar doch«, meinte er. Er glaubte wohl, dass dabei nichts herauskommen würde.

Die Presseerklärung wurde von den wichtigsten Agenturen aufgegriffen, und binnen weniger Tage erschienen Artikel über die *David Lynch Foundation* in Tausenden von Zeitungen der ganzen Welt.

Es war tatsächlich so einfach. Kein großes Überlegen. Kein Fünf-Jahres-Businessplan. Nicht einmal Gelder. Nur der aufrichtige Wunsch, etwas Gutes für die Welt zu tun. Und so viel Gutes kam dabei heraus – vor allem durch Davids Genie, seine außergewöhnliche Kreativität, seine Überzeugung, seine Energie.

Davids Stiftung wurde am 21. Juli 2005 in Zusammenarbeit mit Dr. Hagelin und der TM-Organisation gegründet, einem gemeinnützigen Verein, der zertifizierte Lehrer ausbildet, die das Programm lehren, und zudem allein in den USA über 150 TM-Zentren verwaltet. In den ersten Jahren boten wir die Meditation jeder interessierten Schule oder Organisation an. Wünschte sich eine Schule für indianische Kinder in einem verarmten Reservat außerhalb von Lincoln, Nebraska, unser Programm, sammelten wir Spenden und bezahlten die Kurse. Oder wenn ein Gefängnis bereit war, uns zu empfangen, dann gingen wir hin und fanden auch dort einen Weg, den Unterricht zu finanzieren. Das Gleiche bei Schulen in städtischen Hochburgen der Kriminalität, in Frauenhäusern, Veteranenorganisationen und HIV-Kliniken in den Vereinigten Staaten und im Ausland.

Im April 2009 veranstaltete die *David Lynch Foundation* das erste Benefizkonzert in der New Yorker Radio City Music Hall, mit Paul McCartney und Ringo Starr als Hauptgruppe und Donovan, Mike Love von den Beach Boys, Jerry Seinfeld, Howard Stern und vielen anderen. Wir wollten Mittel sammeln, um weltweit eine Million gefährdete Jugendliche in Meditation zu unterrichten.

Wir waren uns sicher, dass die New Yorker Philanthropen unsere Ankündigung sehr positiv aufnehmen und weiterverbreiten würden. Falsch. Plötzlich trudelten die Beschwerden ein in unserem Büro: »Warum verschwenden Paul und Ringo ihre Zeit mit Werbung für Meditation?« Das Konzert fand kurz nach dem Börsencrash statt. In New York waren viele der Ansicht, dass es angesichts knapp gewordener Spendenkassen doch etwas unseriös sei, Geld für meditierende Kinder zu sammeln. Warum wurde kein Geld gesammelt, um Schulen zu bauen, die Malaria zu heilen, die Armut zu bekämpfen? Das waren ernsthafte Fragen, die eine Antwort verdienten. Wir arbeiteten damals mit Debbie Fife zusammen, einer wunderbaren Frau, die seit zwanzig Jahren Wohltätigkeitsveranstaltungen in New York organisiert hatte. Wenn wir Erfolg haben wollten, erklärte sie uns, müssten wir zeigen, dass die *David Lynch Foundation* eine »karitative Organisation« ist: dass wir Probleme angehen, die über Leben und Tod entscheiden, die auf öffentliche Unterstützung und Privatspenden angewiesen ist.

Es gibt zahllose karitative Organisationen, und ihre Arbeit ist unglaublich wertvoll: Sie bekämpfen Krebs, Herzkrankheiten, Mukoviszidose, HIV und so weiter. Meiner Meinung nach fehlte jedoch eine Organisation, die mit ganzer Entschlossenheit und Sachverstand die Krise von toxischem Stress angeht und das Trauma unter den Verwundbarsten und Gefährdetsten anging.

Wir nahmen Debbie Fifes Rat an. Mehrere Jahre lang organisierten wir eine Reihe nationaler wissenschaftlicher Kongresse, die von Top-Wissenschaftlern, Ärzten, Bildungsexperten und politischen Entscheidungsträgern besucht wurden. Wir präsentierten die zerstörerischen Auswirkungen von Trauma auf Gehirn und Verhalten, und wir berichteten über die jahrzehntelange Forschung und über die klinischen Erfahrungen, die man zur Bekämpfung dieser schrecklichen Epidemie mit TM gesammelt hatte.

Und so sieht es heute aus: Weil man sich der Schrecken von Traumata und des einzigartigen Segens der TM mehr und mehr bewusst wird, sind nun unsere Programme an privaten und öffentlichen Schulen, an Militärstützpunkten und in Gefängnissen, in Frauenhäusern und HIV-Kliniken richtig gefragt. Ja, manchmal weht uns noch etwas Skepsis entgegen, aber im Vergleich zu der Zeit vor fünf Jahren zögert und zweifelt man nur noch wenig. Zum Glück.

Täglich lese ich in der Zeitung, dass in vielen Ländern Fragen der geistigen Gesundheit immer mehr in den Vordergrund rücken –

und das aus gutem Grund. Das eigentliche Problem: Keiner weiß, wie man sie behandeln soll. Sollen wir jedes Kind, das mobbt oder gemobbt wird, mit Pillen behandeln? Sollen wir Veteranen mit posttraumatischem Stress weiterhin mit Pillen zuschütten? Auch wenn die Medikamente manchen helfen: Zu viele Veteranen sträuben sich dagegen. Sie fühlen sich benommen und verwirrt, wie auf ein Abstellgleis geschoben und weigern sich daher, ihre Pillen zu schlucken. Sie wünschen sich etwas Besseres.

MEDITATIVE MOMENTE
Der Akku ist voll

Katy Perry *hat zig Millionen Alben verkauft und für ihre Musik zahllose Preise eingeheimst. Auf Twitter war sie der erste Mensch mit weltweit über hundert Millionen Followern. Seit mehr als zehn Jahren steht sie ganz oben in der Welt des Pop – für normale Menschen ist das ein ganzes Jahrhundert. Das Meditieren brachte ich Katy 2010 bei, als sie sich mit dem Komödianten Russell Brand in Indien aufhielt, um zu heiraten. (Die Ehe hielt nicht lange, die Meditation schon.) Sie ist eine sanfte, authentische und großzügige Frau. Katy lud mich kürzlich zu ihrem live übertragenen YouTube-Webcast ein, mit dem sie mehr als 49 Millionen Zuschauer erreichte. Katy nennt ihre TM-Praxis »bahnbrechend«; so könne sie, egal wie anstrengend und herausfordernd die Situation jeweils ist, immer ihr Bestes geben.*

Grundsätzlich gibt mir TM die tiefste Ruhe, die ich nur bekommen kann. Im Schlaf träume ich viel, und das heißt, dass ich nie so erholt bin, wie ich sein sollte. Dabei ist Ausruhen äußerst wichtig: für mich und meine Stimme. Denn ich funktioniere am besten, wenn ich nicht müde bin. Also meditiere ich vor einem Konzert, weil mir das wirklich hilft. Man könnte denken, dass ich dabei einschlafe, aber es schenkt mir neue Kraft.

Während der *Paris Fashion Week* habe ich die ganze Nacht mit Freundinnen gefeiert, musste aber schon morgens wieder auf den Laufsteg. Bei der zweiten Show fühlte ich mich wie ein Zombie. Danach meditierte ich, und meine Freunde meinten, ich sei wie ausgewechselt. So wie Mary Poppins: »Hallo Leute. Ich bin wieder voll da!« Sie staunten: »Wow, das wollen wir auch lernen.«

Und ich: »Macht's doch!« Das TM-Training ist mein absolutes Lieblingsgeschenk. Es wäre auch eine Schande, wenn ich TM nicht mit Leuten teilte, die leiden. Ich sehe, wie sich ihr Leben verändert, wie viel Glück und Freude sie ihnen bringt. Ich habe einen Freund mit PTSB, der jetzt endlich nachts durchschlafen kann.

Aber es geht nicht nur um Menschen mit solchen speziellen Problemen. TM können alle gebrauchen. Wir leben in einer Welt, in der wir kaum noch Zeit für uns selbst haben. Selbst im Bett haben wir noch unsere Handys vor der Nase. Wir geben unserem Gehirn keine Ruhe mehr, obwohl das so wichtig ist, um kreativ zu sein, ganz egal, welchen Beruf man hat. Man muss also eine »App installieren«, die dem Geist eine Art Neustart ermöglicht, wie manchmal beim Smartphone. »Du hast achtzehn Anwendungen geöffnet, ich schalte mich jetzt ab.« Ebenso muss man zweimal am Tag für zwanzig Minuten den Stecker ziehen. Dann geht es dir wieder gut.

Wenn ich meditiere, fühle ich regelrecht greifbar eine Aura um meinen Kopf, die aufleuchtet und eine Spinnwebe nach der anderen aus meinem Gehirn wegpustet. Gedanken kommen und gehen, aber nach rund fünf Minuten bin ich in dieser Stille angekommen. Ich begebe mich an diesen unglaublichen Ort, wo ich überhaupt nichts mehr denke. Und dabei bin ich voll wach. Das ist verrückt, weil ich in diesem Augenblick das Gefühl habe, als nutze ich mein gesamtes Gehirn. Ich schwöre, ich kann fühlen, wie sich Nervenbahnen öffnen. Und ich bin kreativ, finde Gedanken und Ideen, die tief unten vergraben lagen. Sie wollten nach oben dringen, aber der Staub des Stresses und der Erschöpfung hatte sie verdeckt.

Nach den zwanzig Minuten hält die Wirkung an, das merke ich an meinem Leistungsniveau. Ich muss aus dem Vollen schöpfen können. Mit TM bleibt mein Akku geladen.

———————— • ————————

Seit ihrer Gründung im Jahr 2005 ist das Vorzeigeprojekt der *David Lynch Foundation* das *Quiet-Time*-Programm (*Stille-Zeit*-Programm, auch: Bewusstseinsbasierte Erziehung und Bildung). In einer Schule wird es zweimal täglich für fünfzehn Minuten still – an jedem Schultag. Die Schüler können sich aussuchen, wie sie sich in dieser Zeit beschäftigen: Sie können meditieren oder still lesen. Sie dürfen sogar ein Nickerchen machen. Die meisten Kinder entscheiden sich für die Meditation, mit Erlaubnis der Eltern und von ihnen ermuntert. Der Zweck von *Stille Zeit* ist es, zweimal am Tag eine kurze Pause einzulegen: nicht, um noch mehr Informationen und Zahlen in das noch junge Gehirn hineinzustopfen, sondern um Stress zu verringern und sich aufs Lernen vorzubereiten. Das funktioniert, wie der Erfolg des *Stille-Zeit*-Programms an Hunderten öffentlicher und privater Schulen in den Vereinigten Staaten und weltweit belegt. Ja, *Stille Zeit* mindert den Stress und trägt dazu bei, dass sich Kinder von Drogen und anderem Ärger fernhalten. Mehr noch: Das Programm macht die jungen Menschen wacher, fördert die Lernbereitschaft und erzeugt eine optimale Lernumgebung. So können die Schüler ihr volles Potenzial entwickeln, Wissen leichter aufsaugen und bessere schulische Leistungen erzielen. Und sie holen das Beste aus sich heraus.

Dr. George Rutherford erkannte den Wert des Meditationsprogramms *Stille Zeit* als erster. Doc, wie ihn jeder nennt, ist in seinen späten Siebzigern. Über 53 Jahre lang war er Schulrektor und Lehrer, leitete Mittelschulen und High Schools in einigen der härtesten Gewaltviertel von Washington, DC. Er wollte sich nicht pensionieren lassen – er sagt, er könne nicht aufhören. Zu sehr liebt er den Unterricht und seine Schüler. Heute ist er der Rektor der *Ideal Academy Public Charter School*, wo er das *Stille-Zeit*-Programm für alle Schüler, Lehrer und Verwaltungsbeamte eingeführt hat.

Als ich den Doc 1994 zum ersten Mal traf, war er Rektor des *Fletcher-Johnson Learning Center*, einer öffentlichen High School in Washingtons 8. Distrikt. Die Mordrate dort war extrem hoch; der Doc hatte schon Schüler mit Schusswunden in seinen Armen gehalten. Er war der erste Rektor Amerikas, der das *Stille-Zeit*-Programm schulweit einführte. Ich fragte ihn damals, warum er das macht. Er erklärte mir, er habe einige Monate zuvor eine kleine Privatschule in Fairfield, Iowa, besichtigt – »mitten im Nirgendwo«, wie er meinte. Dort, an der *Maharishi School*, sah er Hunderte Kinder, vom Kindergarten bis zur zwölften Klasse, die Unterricht in Bewusstseinsbasierter Bildung und Erziehung erhielten. TM war das Herzstück dieses ansonsten traditionellen Lehrplans. Die Kinder lernten viel und schnitten bei den üblichen akademischen Tests und bei Wettkämpfen hervorragend ab. Was dem Doc aber zu allererst auffiel, war, dass diese Kinder glücklich waren. »Genau das sah ich: glückliche Kinder«, sagte er. »Und ich wollte, dass die Schüler an der *Fletcher-Johnson* genauso glücklich sind.« Das *Stille-Zeit*-Programm, das er an der *Fletcher-Johnson* initiierte, steht nun auf dem Lehrplan hunderter Schulen, mit hunderttausenden Schülern weltweit.

...

Ich erinnere mich an meinen ersten Besuch der *Visitacion Valley Middle School* in San Francisco. Lange Zeit galt sie als leistungsschwächste Schule der Stadt. Jetzt aber hatte sie etwas zu bieten, nämlich Rektor Jim Dierke. Ein kräftiger Mann mit Schnurrbart, in den Fünfzigern. Er passte so gar nicht zum Klischee eines Pädagogen, der das Potenzial von Meditation für seine Schule erkennt.

Auch er liebte die Kinder. Er wollte das schulische Niveau anheben und dafür sorgen, dass die Schüler so etwas entwickeln wie einen Sinn für Wohlbefinden, denn sie lebten in einer Umgebung mit massivem Stress. Er hatte alles versucht, um die vielen Fehlzeiten, die Gewalt und die schlechten Leistungen zu bekämpfen.

In Zusammenarbeit mit dem *Center for Wellness and Achievement in Education*, einer gemeinnützigen Schwesterorganisation der *David Lynch Foundation*, begann er ein *Stille-Zeit*-Programm mit TM. Er fing mit einer Gruppe Vierzehnjähriger an. Verglichen mit den Mitschülern, die nicht in den Genuss der Bewusstseinsbezogenen Bildung gekommen waren, sank bei den *Stille-Zeit*-Teilnehmern die Zahl der Schulverweise um 45 Prozent, und die Noten verbesserten sich signifikant. Nachdem die gesamte Schule mit dem *Stille-Zeit*-Programm begonnen hatte, sank die Zahl der Schulverweise innerhalb von vier Jahren auf den niedrigsten Stand der ganzen Stadt.

Im Jahr 2014 nahmen die *Visitacion-Valley*-Schüler am *California Healthy Kids Survey* teil, einer Umfrage zur gesellschaftlichen und emotionalen Gesundheit. Sie sollten sich selbst bewerten. Gefragt wurde zum Beispiel: »Wieviel Energie hast du im Moment?« oder »Wie oft hast du in den letzten 24 Stunden Dankbarkeit empfunden?« Trotz all der Probleme außerhalb der Schule gab es hier mehr glückliche Schüler als in jeder anderen Schule San Franciscos – sogar mehr als in den Schulen der Reichen, in denen die Kinder jede Annehmlichkeit genießen konnten.

Jim ist heute pensioniert, aber sein Wunsch für *Visitacion Valley* hat sich erfüllt: glückliche Kinder, die eine Chance haben, ihr Potenzial zu verwirklichen.

Joshua Aronson, ein Psychologe an der *New York University* und Ko-Autor von *The Social Animal*, untersucht die gesellschaftlichen Kräfte, die akademischen Erfolg beeinflussen. Das beginnt bei der Frage, wie Armut und Vorurteile das Selbstvertrauen von Schülern, insbesondere auch Schülerinnen, aushöhlen, und endet bei der Frage, wie sich die Mentalität der Schüler auf den Notendurchschnitt auswirkt. Die Entwicklung leistungssteigernder Interventionen haben Joshua bekannt gemacht, aber ein Besuch der *Visitacion Valley*, so berichtete er mir, richtete seinen Schwerpunkt völlig neu aus. Heute untersucht er die Auswirkung der Meditation an Schulen. »Ich musste mir das ansehen. Es war einfach zu wichtig, als dass ich es hätte ignorieren können«, sagte Joshua. Hier sein Bericht:

»Ich sah dort Kinder, die in Folge des *Stille-Zeit*-Programms im Umgang miteinander herzlicher und friedlicher waren. Ich hörte Elfjährigen zu, wie sie klar und überlegt über ihre Gefühle sprachen. Ich spürte die Ruhe, die Zuneigung und die Menschlichkeit, die von diesen an sich wild aussehenden Problemkindern ausging. Auf der Straße hätten sie einem Angst eingejagt! Schulen bringen bei Kindern oft das Schlechte zum Vorschein – aber das *Stille-Zeit*-Programm fördert das Gute. Sicher ist es die beeindruckendste, wirkungsvollste und ermutigendste Maßnahme, die mir je begegnet ist. Schon nach sehr kurzer Zeit merkt man, wie die Kinder klüger, freundlicher und glücklicher werden.«

Stille Zeit funktioniert, und immer neue Daten bestätigen das. Bei den Noten zeigen die Untersuchungen eine hochsignifikante, zehnprozentige Verbesserung. Das ergab eine Studie an 189 Mittelschulkindern, die bei kalifornischen Standard-Tests in

Mathematik und Englisch unter dem durchschnittlichen Leistungsniveau lagen. In der Schule wurde, zusätzlich zum offiziellen Lehrplan, TM gelehrt und praktiziert. Nach drei Monaten waren die meditierenden Schüler in Mathematik und Englisch im Vergleich zur Kontrollgruppe im Schnitt um eine ganze Note besser geworden.[5]

Bei einer weiteren Studie wurden 45 afroamerikanische Schüler im Alter von fünfzehn bis achtzehn Jahren nach dem Zufallsprinzip entweder einer TM-Gruppe oder einer Gesundheitserziehungs-Gruppe zugewiesen. Die Meditationsgruppe meditierte zu Hause und in der Schule vier Monate lang täglich zweimal fünfzehn Minuten. Die Kontrollgruppe erhielt vier Monate lang jeden Tag einen fünfzehnminütigen Gesundheitsunterricht. Die Ergebnisse lagen schon vor den nächsten Prüfungen fest: Die Meditationsgruppe zeigte unübersehbar eine signifikante Abnahme negativen Verhaltens; auch die Fehlstunden, die Verletzungen der Schulregeln und die Schulverweise nahmen ab.[6]

Natürlich hilft *Stille Zeit* auch den Lehrern. Schauen wir uns die jüngste Studie an: vierzig Realschul- und Aushilfslehrer der *Bennington School* in Vermont, eine Therapieschule für Kinder mit Verhaltensstörungen. Nach vier Monaten zeigte sich bei Belegschaft und Lehrkörper ein signifikanter Rückgang von Stress und Burnout.[7]

Pädagogen erinnern sich wieder daran, warum sie diesen Beruf überhaupt ergriffen haben. Beispielsweise der Pädagoge Michael Barakat. Ich traf Michael vor ein paar Jahren, als ich in New York eine Diskussion über das *Stille-Zeit*-Programm moderierte, an dem zweihundert Schuldirektoren und andere Verwaltungsbeamte teilnahmen. Am Ende kamen die Fragen, und ein großgewachsener, jugendlich wirkender Mann Mitte dreißig meldete sich.

»Das machen wir«, erklärte er.

Ich gebe zu, ich war auf eine Fragestunde gefasst, erwartete also nur Fragen und Bedenken. »Wie schön«, antwortete ich. »Freut mich, dass es Sie interessiert.«

»Nein, nein«, sagte er. »Sie verstehen nicht. Wir machen das wirklich. Also, was ist der nächste Schritt?«

Ich hätte Michael Barakat, den Rektor der *Bronx High School for Law and Community Service*, nicht unterschätzen dürfen. Später fand ich heraus, dass er seit 2010 Rektor ist. Er hatte eine Schule mit Versagern und schlechtester Bewertung übernommen, ein D-Rating. Es fehlte nur wenig, und es wäre ein F-Rating daraus geworden. Nur 47 Prozent der Schüler schafften nach vier Jahren ihren Abschluss. »Es war eindeutig«, erzählte mir Rektor Barakat. »Hätte sich da nichts verbessert, hätten wir schließen müssen.«

Rektor Barakat ist leistungsorientiert und stützt sich auf Fakten. Er tat also zunächst das Naheliegende: Er konzentrierte sich auf die Grundfächer. »Hätte ich den Namen der Schule in ›Lesen, Schreiben, Rechnen‹ ändern können, ich hätte es getan«, erinnerte er sich. »Das erste Jahr war schwer, und die Jungs und Mädels machten keinen Abschluss. Genau das aber wird erwartet, wenn man an einer High School ist: ein Abschluss.«

Die im ersten Jahr unternommenen Anstrengungen brachten das System neu zum Laufen, und 2015 war die Abschlussquote von 47 Prozent auf 73 Prozent gestiegen. Das war noch vor der Einführung des *Stille-Zeit*-Programms. »Viele meiner Schüler strengen sich wirklich an«, sagte er. »Sie unternehmen jede Anstrengung, um die gesetzten, jeweils nächsthöheren Ziele zu erreichen.«

Und sie tun das, trotz aller Probleme zu Hause. »Meine Schule liegt über der 85-Prozent-Quote staatlicher Zuwendungen. Das heißt: Die Schüler erhalten kostenlose oder kostenreduzierte Mahlzeiten, weil das Einkommen ihrer Eltern unter der Armutsgrenze liegt«, sagte er. »Sie haben also eine ganze Reihe sozioökonomischer Nachteile.«

Als Rektor Barakat von *Stille Zeit* erfuhr, wusste er, dass er es zumindest versuchen wollte. Bevor er das Programm in seine Schule brachte, ließ er die Lehrer darüber abstimmen. »Ich wollte eine Mehrheit dafür«, meinte er. »Damit das funktionierte, mussten wir die Mittagspause der Schüler von fünfzig auf fünfunddreißig Minuten am Tag reduzieren und bei jeder Schulstunde fünf Minuten abziehen, um morgens vor der zweiten Stunde und nachmittags vor der siebten jeweils achtzehn Minuten *Stille Zeit* zu ermöglichen.« (Ein Schultag an der *Bronx High School* hat neun Schulstunden.)

Einige Lehrer wandten ein, eine Straffung des Stundenplans könne einen Leistungsabfall nach sich ziehen. »Da wir über alles genau Rechenschaft ablegen müssen«, meinte er, »verstand ich das.« Die Stundenplanänderungen handelte er mit der Lehrergewerkschaft aus. Rektor Barakat war zwar begeistert von dem, was er gerade anpackte, er rechnete allerdings auch mit einem »PR-Alptraum«, würde er den Plan erst einmal den Schülern und ihren Eltern vorstellen. Was dann tatsächlich geschah, war eine Überraschung.

»Von den Eltern der vierhundertzwanzig Kinder der Schule hatten nur zwei einen Einwand«, sagte er. »Wir fanden einen Weg: Während die anderen ihre *Stille-Zeit*-Minuten absolvierten, halfen diese beiden Schüler einfach im Büro aus.«

Das Programm startete im September 2015, am ersten Schultag, und er hatte die Einführungsphase genau im Blick. »Meine wichtigste Frage lautete: Damit alles funktionierte, mussten wir jede Schulstunde um fünf Minuten kürzen. Würden wir dafür wirklich zehn Minuten mehr Aufmerksamkeit zurückerhalten? Verschaffte uns das zehn weitere Minuten, in denen wir zu den Schülern *durchdringen* konnten?«

Kurz nach dem Start schien es schon zu klappen. »Das war schon komisch, denn wir hatten uns den Kopf zerbrochen, wie wir rein rechnerisch den Erfolg oder Misserfolg würden messen können«, erklärte Rektor Barakat. »TM ist etwas Qualitatives – wie sollte man das quantifizieren?«

Einer der älteren Lehrer berichtete dann ganz spontan: »Insbesondere in den letzten Stunden musste ich früher den Schülern immer sagen: ›Hallo! Bleibt wach, es geht ja nicht mehr lange!‹ Jetzt schlafen die Schüler nicht mehr im Unterricht ein.«

Auch andere Lehrer merkten, dass ihnen das aufgefallen war. Die Kinder zeigten jene »ruhevolle Wachheit«, wie sie kennzeichnend ist für TM. Noch bemerkenswerter war, dass die Lehrer bei den Klassenarbeiten schon nach kurzer Zeit bessere Noten vergeben konnten. Nach dem ersten Jahr mit dem *Stille-Zeit*-Programm stieg die Zahl erfolgreicher Abschlüsse sprungartig an. »Unsere Quote stieg um fünf Punkte und liegt nun bei achtundsiebzig Prozent«, berichtete mir Rektor Barakat voller Stolz. »Die Mittelwerte im Staat und in der Stadt schwanken, aber sie liegen immer in den unteren bis mittleren Sechzigern. Für mich ist dieser Wert das Maß aller Dinge, denn in ihm laufen *alle* anderen Bewertungen zusammen. In der Quote erfolgreicher Abschlüsse kommt alles zusammen.«

Auch die Schüler berichteten ihm von ihren guten Erfahrungen. Der Rektor hatte stets für eine sichere Schule mit guten Kids gesorgt, aber zu Hause gab es natürlich Konflikte. »Ein Mädchen erzählte mir, sie wäre mit ihrer Mutter fast aneinandergeraten, habe dann aber lieber meditiert«, sagte Rektor Barakat.

Wie in anderen *Stille-Zeit*-Schulen des Landes schien, außer den Kindern, auch der Lehrkörper der *Bronx High School for Law and Community Service* zu profitieren. Als der Schulinspektor zu einer – wie es Rektor Barakat ausdrückte – »akribischen« Inspektion anrückte, waren die Kollegen und Kolleginnen nicht mehr so nervös und eingeschüchtert, wie das früher der Fall gewesen war. Sie waren selbstbewusst und brannten darauf, über diese Schule zu sprechen. »Der Druck ist ja nicht weg«, sagte Barakat, »aber die Panik, dass man etwas liefern muss, das angesichts des Budgets und der Erwartungen mathematisch unmöglich erscheint, ist verschwunden. Man spürt den Unterschied deutlich.«

Rektor Barakat sieht hier eine Möglichkeit, Kindern aller gesellschaftlichen und ökonomischen Schichten zu helfen. »Ich habe mit Kollegen gesprochen, die die andere Seite der Medaille kennen, nämlich den immensen Druck, der auf Schülern lastet, die, wie wir sagen würden, aus gehobeneren Verhältnissen stammen«, meinte er. »Ich behaupte also ganz und gar nicht, dass nur arme, unterprivilegierte Kinder meditieren sollten. Im Gegenteil. Ich denke, dass wir all unseren Schülern im primären und sekundären Bildungssektor nur einen Bärendienst erweisen, wenn wir an einem veralteten Lehrplan festhalten, der keine Lebenstauglichkeit lehrt. Transzendentale Meditation ist für mich eine Basisqualifikation – für das Leben.«

Die *University of Chicago Crime and Urban Education Labs* kämpfen gegen die epidemische Jugendkriminalität. Jedes Jahr werden weltweit rund eine halbe Million Menschen ermordet. Während im letzten Jahrhundert die Sterberate bei praktisch jeder anderen Todesursache dramatisch zurückgegangen ist, sind die Mordraten im heutigen Amerika immer noch so hoch wie im Jahr 1900. Das *Crime Lab* arbeitet wissenschaftlich. Die Behördendaten werden mit Hilfe randomisiert-kontrollierter Studien analysiert. Man will herausfinden, welche Methoden der Verbrechensbekämpfung innovativ und wirksam sind. Diese Forschung soll Politiker, Akademiker, Sponsoren und Praktiker darüber informieren, was bei wem und warum funktioniert. Man möchte auf diese Weise sicherstellen, dass die zur Verbrechensbekämpfung ausgegebenen Gelder auch wirklich gut angelegt sind.

Anlässlich der *Chicago Design Competition* 2015 bat das *Crime Lab* um Vorschläge für innovative Programme und Ideen, wie die Jugendgewalt eingedämmt werden kann.

»So erhalten wir durch Crowdsourcing unsere besten Ideen«, sagt John Wolf, der leitende Programmmanager am *Crime Lab*. »Wir fragen die Leute an der Front, die täglich damit zu tun haben, was sie für die *besten* Methoden halten zur Bewältigung dieses Problems.«

Mehr als 220 Organisationen bewarben sich um die Fördergelder, darunter die *David Lynch Foundation*. In Zusammenarbeit mit der *Pritzker Pucker Family Foundation* und der *MacArthur Foundation* wählte das *Crime Lab* die *David Lynch Foundation* als eine von drei Gewinnern und stellte dem *DLF*-Büro in Chicago fast 300 000 Dollar zur Verfügung. So sollten die Auswirkungen von *Stille Zeit* in zwei öffentlichen Schulen weiter untersucht werden. Die Schulen lagen in Chicagos Problemvierteln.

»Als wir uns das Programm ein erstes Mal anschauten, war ich skeptisch«, sagte mir John Wolf. »Was sollen diese High-School-Schüler da machen? Wollen die das wirklich jeden Tag? Wir wussten, dass die Befunde aus Schulen in San Francisco vielversprechend waren, aber wir dachten eher: ›Ja klar, San Francisco ... Aber funktioniert das auch in Chicago?‹ Wir entschlossen uns, der *David Lynch Foundation* ein Jahr Zeit zu geben, um das zu beweisen.«

Die *Chicago Public Schools*, die Schulbehörde, unterstützte das *Crime Lab* bei der Auswahl der zwei Schulen für dieses Pilotprojekt. Als im Dezember 2015 der erste Zwischenbericht erschien, war das Programm an der *Amundsen High* und der *Gage Park High* schon in vollem Gang. Und es zeigten sich bereits Erfolge. An der *Gage Park* gab die überwältigende Mehrheit der Schüler, die TM praktizierten, an, sie fühlten sich weniger gestresst und ruhiger. An der *Amundsen* berichteten fast alle meditierenden Schüler, sie empfänden weniger Stress, weniger Angst und schliefen besser. Außerdem meinten sie, dem Lerndruck besser standhalten zu können.

»Nach dem ersten Jahr mit dem Programm befragten wir Schüler, Lehrer und Verwaltungskräfte«, fuhr John Wolf fort. »Beides ist vielversprechend: Der Enthusiasmus der Verwaltungsmitarbeiter an der *Gage Park* und der *Amundsen* und die Beobachtung, dass sich das Verhalten der Schüler gebessert hat.« Das umfassende Forschungsprojekt wird feststellen können, ob die positiven Veränderungen, welche die Verwaltung dem *Stille-Zeit*-Programm zuschreibt, wirklich von ihm und nicht etwa von anderen Faktoren ausgelöst worden sind.

Das Programm erntet begeisterte Zustimmung. Eine Schule wählte ganz bewusst eine Gruppe Schüler aus, die in der Vergangenheit aufgrund des Leistungsdrucks häufig unter mentalen

Problemen gelitten hatten. Jetzt meldete die Schule, dass von den sechzig teilnehmenden Schülern niemand mehr über mentale Probleme berichtete.

Nachdem alle Informationen aus der Pilotstudie zusammengetragen worden waren, erhöhte das *Crime Lab* im Jahr 2016 die Zuschüsse um fast eine Million Dollar. Das Programm sollte drei weiteren öffentlichen Schulen angeboten werden, die ebenfalls in einigen der größten Problemzonen der Stadt lagen. Die drei von der Schulbehörde und dem *Crime Lab* ausgewählten Schulen befinden sich im Süden und Westen der Stadt. In der Vergangenheit waren das die am meisten benachteiligten und die gewalttätigsten Gebiete gewesen.

Bei der Studie wurden Schulklassen einem Zufallsverfahren unterworfen. In jeder Klasse gibt es zwei Gruppen: die einen meditieren, die anderen nicht, beschäftigen sich aber währenddessen still mit etwas anderem. Das *Crime Lab* vergleicht die Ergebnisse beider Gruppen in Bezug auf Anwesenheit, Schulverweise, Noten, standardisierten Tests und Festnahmen.

John Wolf sagte mir, von ausgewählten Gruppen beider Pilotschulen sei eine Verbesserung vor allem in vier Hauptbereichen gemeldet worden: (1) Schlaf, (2) Selbstbewusstsein und Selbstkontrolle, (3) Konzentrationsfähigkeit und (4) Stimmung. Alle meinten, sie fühlten sich ruhiger und könnten inner- wie außerhalb der Schule mit Stress besser umgehen. Die Studie bestätigte, dass das Programm überall zuverlässig funktioniert, und war ein ermutigender Beleg, wie gut sich die Meditation auf die Gesundheit der Schüler auswirkte.

John meinte, er sei von den Daten so überzeugt, dass sich das *Crime Lab* darum bemühe, zusätzliche Gelder aufzutreiben, damit in den nächsten Jahren Tausende weitere Schüler an öffentlichen Schulen in Chicago und in New York in den Genuss von *Stille Zeit* kommen können.

...

Ich führe hier deshalb so viele Zahlen über das *Stille-Zeit*-Programm an, weil mich die Ergebnisse begeistern. Aber noch überzeugender als alle statistischen Auswertungen ist folgende Geschichte. Vor ein paar Jahren rief mich Ben an, ein Lehrer an einer städtischen High School, ebenfalls in einem Problemviertel. An der Schule war kurz zuvor das *Stille-Zeit*-Programm eingeführt worden; allen Schülern, Lehrern und der Belegschaft war, auf freiwilliger Basis, TM angeboten worden. Ben wollte mir von einer seiner Schülerinnen erzählen, einer Elfjährigen. Nennen wir sie Charlene.

An Bens Schule muss zur ersten Stunde jeder auf seinem Platz sitzen. Noch vor dem ersten Klingeln. Nur so können die Klassen gemeinsam mit der Meditation beginnen. Kommt ein Schüler zu spät, muss er im Flur meditieren. Das ist sinnvoll, aber die Kinder meditieren lieber gemeinsam. Ben erzählt:

»Das Klingeln war schon drei Minuten vorbei, da stürmte Charlene ins Klassenzimmer. Geräuschvoll nahm sie Platz. Ich wartete kurz, dann ging ich leise zu ihr. ›Es hat schon geklingelt‹, sagte ich zu ihr, ›du musst im Flur meditieren!‹ Als Charlene aufstand, merkte ich, dass auf ihrer Kleidung dunkelrote Flecken waren. ›Ich werde deine Mutter anrufen und sie bitten, dass sie was Frisches zum Anziehen vorbeibringt.‹ Da brach sie in Tränen aus und flüsterte: ›Das ist Blut!‹«

Charlene hatte mit ihrem Onkel an der Bushaltestelle gewartet. Ein Auto fuhr vorbei, jemand schoss, ihr Onkel wurde getroffen. Es war sein Blut auf ihren Anziehsachen. Und in ihrer Panik hatte sie nur einen sicheren Ort gekannt: ihre Schule, dort, wo sie meditieren konnte. Die Schule war ihr einziger sicherer Ort. Nicht ihr Zuhause, nicht die Wohnung eines Freundes, sondern die Schule. Schulen, die vorher Umschlagplatz für Drogen waren und Brutstätten der Gewalt und des Verbrechens, werden durch *Stille Zeit* nun grundlegend transformiert.

MEDITATIVE MOMENTE
Ein paralleler Bewusstseinsstrom

Russell Brand (ein britischer Komiker, Moderator, Sänger und Schauspieler; d. Red.) war mehr als vierzehn Jahre lang heroinabhängig. Als ich ihm begegnete, war er seit fünf Jahren clean. Weder Drogen noch Alkohol. Er hatte mich kontaktiert, weil er einen Dokumentarfilm über sein Leben drehte und im Laufe dieses Projektes auch das Meditieren lernen wollte. Ich erzählte das einem Freund, und der meinte: »Pass bloß auf, das ist ein verrückter Typ, aber vielleicht meint er's ja ernst.«

Russell wohnte im Soho House in New York, einem Club-Hotel. Wir trafen uns im Restaurant. Man erkennt ihn schnell, ich winkte ihm, er kam zu mir rüber und mit seinem Gesicht ganz nah. Er starrte mir in die Augen.

»Bringen Sie mir Transzendentale Meditation bei?«

»Das hängt davon ab, ob Sie Zeit haben«, antwortete ich.

Sein Gesicht entspannte sich völlig, und er sah mich ganz offen und bereitwillig an.

»Ich habe die Erfahrung der Zeitlosigkeit schon mein ganzes Leben lang gesucht«, sagte er. »Ich habe soviel Zeit, wie Sie brauchen.«

Ich unterwies Russell zwei Wochen später; seitdem sind wir enge Freunde. Das war vor fast sieben Jahren.

Die Idee, zu meditieren, war eine Herausforderung, weil ich sofort dachte (heute weiß ich, es war ein Klischee): »Ich weiß gar nicht, ob ich meditieren kann, weil mein Geist immer so beschäftigt ist und andauernd denkt.« Und heute gehört sie zu meinem Leben. Ich kann nicht behaupten, dass ich nie eine Sitzung ausgelassen hätte, aber sie tut mir gut. Sie wurde Teil meiner selbst.

Ich behaupte, selbst eine Sucht, so wie ich sie hatte, ist auf ihre Art eine Suche nach Spiritualität. Es ist das Gefühl, dass etwas fehlt, dass etwas nicht stimmt, es ist diese Unzufriedenheit, die mich drogenabhängig gemacht hatte. Seitdem ich regelmäßig meditiere, hat sich mein Blick auf die Welt und auf meine Ziele geändert. Ich muss immer aufpassen und allen klar machen, dass damit nicht gemeint ist: »Hey, Leute, ich war drogensüchtig und ein Frauenheld, aber jetzt sitze ich eigentlich nur noch so da, mit 'ner Decke um mich 'rum; ich guck' auf einen ruhigen, stillen Teich und habe Verszeilen von George Harrison im Kopf.« So ist es nicht. Die Sehnsucht lodert nach wie vor in mir. Die Angst. Die Lust. Ich bin nach wie vor aus Fleisch und Blut. Was sich aber geändert hat, ist, dass ein Teil von mir, den ich bisher vernachlässigt hatte, aufgewacht ist und nun durch meine Meditationspraxis kultiviert wird.

Für mich ist Meditation ein beständiger, paralleler Bewusstseinsstrom, stets gegenwärtig, aber gemeinhin ignoriert, und ich kann ihn jederzeit betreten.

Ich verfange mich oft in Illusion und Selbsttäuschung: »Es ist okay, wenn man Drogen nimmt ... Ich verdiene es, berühmt zu sein ... Sex und Geld sind toll.« Aber unter diesen flüchtigen und sinnlichen Ablenkungen liegt dieser unbegrenzte Flow. Wie der Raum, wie die Zeit, auch das missverstanden aufgrund ihrer grenzenlosen Natur.

Ohne Meditation sind wir schlimmer als Affen – Affen, die sprechen können und sich ihrer Affigkeit bewusst sind. Um alle Bananen dieser Welt: Damit kann ich nichts anfangen.

Ich sollte hinzufügen, dass Russell, genauso wie die anderen Künstler und Performer, die auf diesen Seiten zu Wort gekommen sind, sich unglaublich großzügig zeigen mit ihrer Zeit, mit ihren Ressourcen. Russell, der Autor des Bestsellers *Recovery: Freedom from Our Addictions*, arbeitet mit der *David Lynch Foundation* zusammen, um Jugendlichen und Erwachsenen, die gegen ihre Sucht ankämpfen, die Transzendentale Meditation näherzubringen. Er hilft Leben retten.

...

Laut dem *National Council on Alcoholism and Drug Dependence*, einer US-amerikanischen Drogenberatung, sind mehr als vierundzwanzig Millionen Amerikaner alkohol- oder drogenabhängig. Opiate eingeschlossen. Das ist etwa jeder zehnte der über Zwölfjährigen. Das entspricht annähernd der Gesamtbevölkerung von Texas. Wie Russell Brand lernte mein Freund Peter Dodge das Meditieren, um sich von einer Sucht zu befreien. In seinem Falle war es der Alkohol. »Die Geschichte meiner Sucht gleicht der vieler Alkoholabhängiger«, erzählte mir Dodge, heute Leiter eines weltweit tätigen Informationsdienstleisters in Washington, D.C.

»Ich war dreizehn. Vom ersten Drink an war ich süchtig. An der High School war ich gut, ich besuchte eine Elite-Uni, aber exzessives Trinken gehörte einfach dazu. Ich wusste, ich war anders. Ich habe dagegen angekämpft, aber mit zwanzig verschlimmerte sich mein Trinken.«

Um alles noch komplizierter zu machen, kam zu seinem Alkoholismus eine sich verschlimmernde bipolare Störung hinzu, von der er erst spät erfuhr.

»Beide Krankheiten zusammen hätten schon genügt, um mich kaputt zu machen«, meinte Dodge zu mir. »Aber dann wurde mir ich auch noch das falsche Antidepressivum verschrieben, und das machte mich regelrecht manisch. Das konnte nur in einer

Katastrophe enden. Ich war regelrecht verrückt geworden. Ende zwanzig hatte mein Verhalten absolut nichts mehr mit meinem wahren Charakter zu tun. Das wird mich auf ewig verfolgen.

Es wäre nie so weit gekommen, wenn herkömmliche Methoden der Heilung bei mir gegriffen hätten. Aber das taten sie nicht.« Dodge erfuhr dann aus der *Howard Stern Show* von TM. »Vielleicht lachen Sie jetzt – aber Howards Bekenntnis machte mir bewusst, dass er nicht der einzige ist, der sein Handwerk versteht und gleichzeitig TM praktiziert.« Als erfolgsorientierter Geschäftsmensch befasste sich Dodge mit TM eingehender und war beeindruckt, wie viele Führungskräfte, darunter der Hedgefonds-Boss Ray Dalio, ihren Biss dieser Praxis zuschreiben.

»Ich machte also TM, weil ich dachte, ich würde dann ein noch erfolgreicherer Geschäftsmann werden. Recht bald merkte ich jedoch, wie TM auch dabei half, nüchtern zu bleiben. Ich setze TM mit Musik gleich. Wir wissen nicht, warum sie auf uns wirkt, aber sie tut es. Und wo die Musik uns nur ein gutes Gefühl vermittelt, kann TM unseren Geist auf gesunde Weise komplett umkrempeln.«

Nachdem die üblichen Methoden des Alkoholentzugs, Anonyme Alkoholiker eingeschlossen, bei ihm nicht gegriffen hatten, entwickelte Dodge einen mehrgleisigen Ansatz, trocken zu werden und zu bleiben. Dodge ist heute Gründer, Vorsitzender und Präsident der *Peter G. Dodge Foundation*, einer Hilfsorganisation, die Menschen von ihrer Alkoholabhängigkeit befreien will. »In den letzten dreieinhalb Jahren, in denen ich so regelmäßig wie möglich meditierte, hat sich in mir ein dicker Kloß aus Wut, Angst, Neurosen und Unsicherheit aufgelöst«, sagte Dodge. »Die Meditation hat meinen Geist geheilt wie nichts anderes, und auf diese Weise befreite sie mich von der Notwendigkeit der Selbstmedikation.«

Das ist erstaunlich, aber Dodge legt Wert darauf, dass TM nicht nur deshalb das wichtigste Instrument in seinem Werkzeugkasten ist: »Meine täglichen Meditationen helfen mir, gegenüber dem Menschen, der ich gerne sein will, aufmerksamer zu sein. Und das wiederum erlaubt mir, weitere Werkzeuge einzusetzen. So entsteht ein Kreislauf. Jedes Mal, wenn ich meditiere, wird der Abstand zwischen mir und dem ersten Drink – der ja das eigentliche Problem ist – etwas größer.«

2015 finanzierte die *Peters-Stiftung* eine Machbarkeitsstudie zu »TM und Alkoholismus«, den das *Friends Research Institute* am *Avery Road Treatment Center* in Rockville, Maryland, durchführte. Die ersten Resultate zeigen, dass regelmäßige TM-Praxis den Rückfall nach einem Alkoholentzug verhindern könnte. Frühere Forschungen hatten bereits gezeigt, dass TM Angstzustände, Depressionen, Tabakgebrauch, Alkohol- und Drogenmissbrauch verringert.[8]

. . .

Ich bin stolz darauf, dass ich bei unserer Arbeit in großen Maßstäben denken darf. Wenigstens meinte ich das immer. Bis ich dann lernen musste, noch größer zu denken.

Vor einigen Jahren traf ich mich mit zivilen und kommunalen Autoritäten in Newark, New Jersey. Es sollte ein umfangreiches Forschungsprogramm für die öffentlichen Schulen entwickelt werden, das allen Schülern, Lehrern und der Verwaltung wie auch den Eltern *Stille Zeit* anbieten konnte. Die Studie sollte sowohl die Auswirkungen von *Stille Zeit* auf Stress, Gesundheit und Schulleistungen als auch auf Burnout bei Lehrern, auf Fehlzeiten und auf die Gesundheitskosten des jeweiligen Schulbezirks untersuchen.

Wir erstellten den Plan, und ich besprach mich mit Richard, dem Leiter eines großen Hedgefonds in Midtown Manhattan, ob er uns finanziell unterstützen könnte. Stolz legte ich meinen Antrag auf seinen Schreibtisch und erklärte ihm, wir hätten nun einen Plan, um den destruktiven Einfluss von Trauma und Stress im Erziehungswesen Newarks zu bekämpfen. Er betrachtete die erste Seite, auf der oben groß »Newark« stand. Dann wischte er den Stapel beiseite.

»Denken Sie wirklich«, fragte mich Richard, »dass Traumata bei den Jugendlichen eines der größten Gesundheitsprobleme sind?«

»Ja«, antwortete ich.

»Und Sie glauben, dass *Stille Zeit* dieses Problem bekämpfen kann?«

»Hm, ja, klar«, sagte ich so höflich wie möglich, weil ich langsam ungeduldig wurde. »Deshalb stelle ich ja diesen Antrag.«

»Warum denken Sie dann so klein? Warum stellen Sie nur einen Plan für Kinder in Newark auf? Warum denken Sie nicht an *alle* Kinder in den USA – oder auf der ganzen Welt? Wären Sie vor siebzig Jahren gekommen und hätten einen Plan gehabt, wie man Kinderlähmung heilen kann – hätten Sie mir da ein Projekt unterbreitet, das nur Kindern in Newark hilft? Natürlich nicht. Machen Sie einen größeren Plan und kommen Sie dann wieder.«

Er hatte natürlich recht. Hat man ein neues Medikament entdeckt, das zuverlässig eine schreckliche Epidemie bekämpft, dann setzt man es global ein, nicht lokal.

...

In den ersten zehn Jahren der *David Lynch Foundation* konzentrierten wir uns auf die Einführung von TM-Programmen und auf die Auswertung der Ergebnisse, wenn TM an ganzen Schulen, in Veteranenorganisationen, Frauenhäusern, beim Drogenentzug, in Jugendgefängnissen und HIV-Kliniken eingesetzt wird – und nicht zuletzt in Fortune-100-Unternehmen, Profisportmannschaften, auf Militärbasen und bei anderen Regierungsorganisationen. Und derlei mehr. Die Daten, die dabei erhoben wurden, sind, wie Sie gesehen haben, recht ermutigend und überzeugend. In unserem zweiten Jahrzehnt hat sich unsere Aufmerksamkeit nun ganz natürlich auf Skalierung verlagert. Wie können wir dafür sorgen, dass möglichst viele Menschen von der Meditation profitieren? Zu diesem Zweck arbeiten wir mit einer überparteilichen Gruppe von Kongressabgeordneten und Leitern von Regierungsbehörden zusammen, um Unterstützung für unsere Programme (sowie für andere funktionierende, evidenzbasierte und innovative Programme) zu finden, damit sie großflächig angeboten werden können.

Gleichzeitig arbeiten wir mit medizinischen Fakultäten und Forschungsinstituten zusammen, um die Auswirkungen dieser Initiativen, auch mit Blick auf die Kosten, zu untersuchen. Und gegenwärtig dehnen wir unsere Zusammenarbeit mit Stiftungen und Hilfsorganisationen aus, um unsere Initiativen zu erweitern.

Der Gründer von *Bridgewater Associates*, Ray Dalio, und seine Frau Barbara gewährten mir einen tiefen Einblick in das Denken wahrer Wohltäter. Man könnte es mit folgender Maxime auf den Punkt bringen – hoffentlich haben all unsere Eltern und Lehrer sie uns als Heranwachsende mit auf den Weg gegeben: »Wenn du genug hast, um geben zu können, dann gib.« Ray hat persönlich die Kosten für Hunderte von Mitarbeitern seiner Firma getragen, damit sie das Meditieren lernen können; er und Barbara haben durch ihre generösen Zuwendungen an die *David Lynch Foundation* vielen Tausenden ermöglicht, TM zu lernen.

»Ich habe bei null angefangen«, meint Ray, »und habe das Glück, in einem Land zu leben, das mir jede Möglichkeit bot. Und wie es sich so ergab, habe ich eine Laufbahn eingeschlagen, die mich reich gemacht hat. So stellte sich die Frage: ›Was soll mit all dem Geld geschehen, wenn ich mal nicht mehr bin?‹ Ich will meinen Kindern nicht zu viel Geld hinterlassen, denn mehr als alles andere will ich, dass sie stark sind. Und Stärke entsteht, wenn man sich bemüht. Gleichzeitig ziehe ich eine große Befriedigung daraus, wenn ich Menschen und Dinge beeinflussen kann – und wenn ich nebenher mit dem Geld, das ich zur Verfügung stelle, etwas Großes bewirken kann. Das ist offenkundig das Vernünftigste – und das Spannendste.

Meine Familie hat von TM genauso profitiert wie ich. Warum sollten wir es also nicht unterstützen, dass TM zu gestressten, gefährdeten Schülern an unterfinanzierten Schulen gelangt und zu Veteranen, die unter dem Alptraum von posttraumatischem Stress leiden?«

--- • ---

MEDITATIVE MOMENTE
Zurück zu meinem natürlichsten Zustand

Lena Dunham, die Entwicklerin der richtungsweisenden HBO-Serie Girls und Bestsellerautorin, meditiert seit ihrem neunten Lebensjahr. Ihre Eltern meditierten, sagt Lena, und ihre Mutter, die Künstlerin Laurie Simmons, habe sie zu einem TM-Lehrer gebracht, weil sie bei ihr die ersten Anzeichen einer Zwangsneurose erkannte. Ich hatte das Glück, Lena einen TM-Auffrischungskurs geben zu dürfen, nachdem sie ihre Arbeit an Girls beendet hatte. Sie sprach davon, wie sich TM auf ihre Kreativität auswirkte – und wie TM ihr hilft, sich nicht selbst im Weg zu stehen.

Die Meditation leistet für mich im Wesentlichen Folgendes: Sie versetzt mich zurück in meinen natürlichsten Zustand, und sie erinnert mich daran, was mein Wert in dieser Welt ist. So vieles in dieser Welt will uns nur von unserem tiefsten Selbst und unseren Ur-Instinkten ablenken. Es ist leicht, sich in Herausforderungen und Ehrgeiz zu verfangen, so viel Furcht und Angst begleiten das moderne Leben. Für mich ist Meditation das, was uns allen zeigt, wer wir sind. Das hört sich geheimnisvoll an, aber tatsächlich ist es etwas ganz Grundlegendes.

Viele Menschen – und zu denen gehörte ich früher auch – denken, sie seien deshalb kreativ, weil sie leiden. Doch wenn man etwas kreiert, auf das man später mit Stolz zurückblicken will, ist genau das Gegenteil richtig. Viele haben sich in den Gedanken verrannt, das magische Etwas, das ihnen erlaubt, Kunst zu machen, verlöre sich irgendwie, sobald sie mit ihrer Familie glücklich sind oder frisch verliebt – oder wenn sie sich nicht mehr Nacht für Nacht bis zur Besinnungslosigkeit betrinken müssen. Ja, ich weiß, auch ich bildete mir das mal ein. Heute weiß ich, dass ich *trotz* all dieser Dinge kreativ gewesen bin – und nicht etwa ihretwegen.

Es ist schon komisch: Bringe ich Meditation zur Sprache, dann leuchten die Augen meiner Zuhörer auf. Ganz klar, viele suchen nach etwas, das ihnen übermenschliche Leistungskraft und Schwung verleiht. Was sie zunächst an der Meditation interessiert, ist also eine Art Ur-Instinkt. Sobald sie aber meditieren, entdecken sie auch all die anderen Sachen. Am Anfang sagen sie: »Ich will mit weniger Schlaf auskommen, mehr Geld verdienen und alles erreichen.« Dann meditieren sie, und plötzlich wird ihnen – besser als auf jedem anderen Weg – bewusst, wie sie sich eigentlich verhalten.

Einmal, als ich auf meinen Flug wartete und irgend so ein Schundheft durchblätterte, stieß ich auf einen Artikel, in dem es hieß: »Probieren Sie die Technik der Stars.« Es folgte eine Beschreibung der Transzendentalen Meditation. Ich denke, ja, alles ist gut, was Meditation in die Welt trägt, aber es war schon komisch: TM und Ernährungstipps, auf ein und derselben Seite!

———————— • ————————

Wo ich nun also gelernt habe, wie man in größeren Maßstäben denkt, fragt man mich oft, was denn mein Wunsch sei für TM.

Nicht nur in Amerika, sondern weltweit. Mein Wunsch ist, dass jeder weiß, worum es sich bei dieser Technik handelt und dass jeder Zugang zu ihr bekommt, der sie lernen möchte – entweder durch das örtliche TM-Center oder über den Arbeitgeber, die Schule oder die Universität. Oder über die lokalen Gesundheitsbehörden, über eine Hilfsorganisation für Veteranen und so weiter. Für viele, die interessiert sind, ist jedoch Zeit die große Hürde: Zeit, mehr darüber herauszufinden; Zeit, sich unterweisen zu lassen; Zeit, um zu meditieren. Zum Glück verändert sich die Welt. Immer mehr Unternehmen bieten heute nicht nur Fitness-, sondern auch Meditationsräume an. Lehrer können nachmittags das Lehrerzimmer für die Meditation nutzen. Vor zehn Jahren hätte das vielleicht noch lächerlich geklungen. Doch diese Zeiten sind vorbei.

Die lebensbedrohenden Folgen zu ignorieren, die Stress haben kann, ist riskant. Seinen Angestellten zu erlauben, für ein paar Minuten aus der Geschäftigkeit des Alltags auszusteigen und zu meditieren, ist nicht nur gut für die Gesundheit, sondern auch für die Produktivität und die Bilanz.

Wie Sie mittlerweile wissen, erlernen Sie TM von einem professionell ausgebildeten Lehrer, der mit Ihnen solange übt, bis Sie die Praxis richtig beherrschen. Davon profitieren Sie Ihr Leben lang. Manchmal sagen die Menschen: »Wenn TM der Welt so gut tut, sollte sie kostenlos sein.« Ich stimme zu: Sie sollte nichts kosten. Ich glaube auch, dass Bildung der Welt gut tut, aber irgendwer muss die Lehrer bezahlen. Lebensmittel tun der Welt gut, aber jemand muss die Landwirte entlohnen. Bei der Kursgebühr gibt es mehrere Tarife, je nach finanzieller Lage des Kursteilnehmers. Die Gebühr hilft, das Honorar des TM-Lehrers, die Miete sowie die Betriebskosten eines TM-Centers zu decken.

Was machen nun Leute, die knapp bei Kasse sind? Zum Glück ist die gemeinnützige TM-Organisation in Amerika unter der Leitung von Dr. Hagelin recht großzügig und bietet Zuschüsse, Stipendien und Kredite an, um bei Bedarf Menschen mit finanziellen

Engpässen unter die Arme zu greifen. In den USA kooperiert Dr. Hagelins Team mit Förderprogrammen für Unternehmen und ihre Beschäftigten, mit Versicherungen und Regierungsbehörden. Das Ziel ist die Kostenerstattung für TM-Kurse, genauso, wie diese Stellen auch andere evidenzbasierte Behandlungen und Maßnahmen fördern.

Für Menschen, die an Trauma und toxischem Stress leiden und kein Geld haben, sammelt die *David Lynch Foundation* Spenden bei Unternehmen, Stiftungen und Philanthropen, damit wir den vielen Millionen, die TM lernen wollen, ein Stipendium anbieten können.

Das ist unsere Strategie, und die Reaktion darauf ist außerordentlich. Bald kann jeder meditieren lernen, der es will. Das war schon 1958 Maharishis Ziel gewesen, damals, als er begann, TM zu lehren. Das ist auch heute noch das Ziel.

———————— • ————————

MEDITATIVE MOMENTE
Das Tor zur Stille und Stärke

Tony Nader, M.D., Ph.D., kennt das Wüten des Krieges nicht nur aus Büchern und Filmen. Er hat es selbst erlebt. Im Libanon geboren und aufgewachsen, studierte er in Beirut Medizin, während einiger der blutigsten Zeiten des Bürgerkriegs. Er machte an der Beirut American University *seinen Abschluss und zog dann in die Vereinigten Staaten. Am* Massachusetts Institute for Technology (MIT) *promovierte er in Neuro- und Kognitionswissenschaft. Er arbeitete als klinischer Forscher an der* Harvard Medical School *und dort in der Neurologie, am* Massachusetts General Hospital, *und als stellvertreter Leiter des* Clinical Research Center *am* Massachusetts Institute of Technology (MIT).

Dr. Nader traf Maharishi zum ersten Mal im Jahr 1979, am MIT. Im Laufe der Jahrzehnte entwickelte sich ein ganz besonderes Vertrauensverhältnis zwischen Lehrer und Schüler. Vor seinem Abschied 2008 bat Maharishi Dr. Nader, für die TM-Organisation den weltweiten Vorsitz zu übernehmen.

Als ich 1975 an der *American University* in Beirut Medizin studierte, brach der Bürgerkrieg aus. Es gab Schusswechsel und Bomben, Menschen wurden wegen ihrer Religion entführt. Manchmal konnte ich monatelang nicht mehr meine Eltern am anderen Ende der Stadt besuchen. Es herrschte so viel Gewalt.

Inmitten all dieser Zerstörung suchte ich nach Sinn; ich wollte meditieren. Für kurze Zeit versuchte ich es mit einer Konzentrationstechnik, und auch ein paar Atemübungen probierte ich aus. Aber es führte zu nichts. Dann hörte ich von einem Freund von Transzendentaler Meditation und beschloss, es damit zu versuchen. Vom Stand weg erfuhr ich, wonach ich so lange gesucht hatte: Transzendenz – eine tiefe innere Ruhe, eine tiefe innere Glückseligkeit und eine enorme Erweiterung meines Bewusstseins. Es war außerordentlich befriedigend. Ich hatte mehr Energie und war geistig klarer, sodass ich leichter studieren, mich besser konzentrieren und mehr erreichen konnte. Am wichtigsten aber war, dass mir TM dabei half, meine innere Ruhe zu bewahren, obwohl ich von Angst und Verlust und Gewalt umgeben war. Ich eröffnete an der *American University* einen TM-Club und brachte meine Familie und Freunde dazu, ebenfalls das Meditieren zu lernen.

Da ich in einem Kriegsgebiet lebte, hatte ich den Wunsch zu begreifen, was eigentlich in Menschen vorgeht, die unbedingt kämpfen wollen. Während des Studiums spezialisierte ich mich auf Klinische Psychiatrie. Das verschaffte mir manche Einsicht, doch mir genügte das nicht. Nachdem ich mein Medizinstudium abgeschlossen hatte, wurde ich TM-Lehrer. Danach begann ich mein Doktorstudium in Neurowissenschaften am MIT. Ich wollte die Wissenschaft der TM und das Gehirn besser verstehen, damit ich mehr tun konnte als nur Krankheiten zu behandeln. Ich wollte die Gesundheit eines Menschen und sein kreatives Potenzial wirklich verbessern. Und das nicht nur eingeschränkt über die chemischen und neurophysiologischen Ebenen, sondern auch mit Hilfe der unbegrenzten Ebene des menschlichen Geistes. Ich forsche in Neurochemie und in Neuroendokrinologie und untersuche die Beziehung zwischen Ernährungsweise, Alter und Verhalten einerseits und der Aktivität von Neurotransmittern und Hormonen andererseits. Außerdem befasste ich mich mit der Frage, welche Rolle Neurotransmitter-Vorläufer für die Medizin spielen können.

Als ich Maharishi am MIT traf, war das der Beginn meiner – und das Wort beschreibt es am besten – Lehrzeit, die Jahrzehnte andauerte. Ich lernte von Maharishi die tiefgreifenden Zusammenhänge verstehen, die zwischen der alten vedischen Wissenschaft des Bewusstseins und der Form und Funktion des menschlichen Gehirns und seiner Physiologie bestehen. Ich reise durch die Welt und sprach mit Führungspersönlichkeiten aus Regierung und Medizin, Bildung und Erziehung, Wirtschaft, Industrie und Verteidigung über die Wissenschaft des Bewusstseins. Im Laufe der Zeit übertrug mir Maharishi immer mehr Verantwortung für das Wissen und die Verwaltung der weltweiten TM-Organisation. Nie hätte ich für möglich gehalten, dass dies einmal mein Weg sein würde.

Nach Maharishi werde ich oft gefragt. Ich denke, seine Leistungen sprechen für sich. Ich bin überzeugt, dass die Geschichtsschreibung Maharishi einmal als den bedeutendsten Wissenschaftler des Bewusstseins anerkennen wird – als denjenigen, der die Einfachheit und Natürlichkeit der Transzendentalen Meditation wiederbelebte. Allen Menschen, unabhängig von Bildungsgrad, Staats- oder Religionszugehörigkeit, öffnete er das Tor zu echter innerer Stille, zur Transzendenz: damit sie wirkliche Kraft und höhere Bewusstseinszustände entwickeln können. Das war Maharishis bedeutendster Beitrag für die Wissenschaft, für die Erforschung des menschlichen Bewusstseins, für das Leben.

———————— • ————————

Im Juni 2007 wurde Maharishi von einem Reporter der *Associated Press* für eine Titelgeschichte interviewt, anlässlich des fünfzigsten Jubiläums seiner TM-Organisation. Wenige Tage zuvor hatte ich dem Reporter das Meditieren beigebracht und durfte dem Gespräch beiwohnen. Nach einigen eher oberflächlichen Fragen wollte der Reporter von Maharishi wissen, weshalb er die Wirkungen der Meditation auf Menschen, die an zahllosen Traumata und stressbedingten Störungen leiden, so »überaus optimistisch« einschätze. Seit Jahrhunderten begleite uns dieses Leid und würde wohl auch nicht so schnell verschwinden. Wie konnte Maharishi so voller Hoffnung sein?

Maharishi dachte einen Augenblick nach, dann nickte er und sagte: »Dunkelheit ist nur die Abwesenheit von Licht. Schalten Sie das Licht an, und die Dunkelheit verschwindet. Nehmen Sie ein Zimmer, das einen Tag lang abgedunkelt war, und nehmen Sie eines, das seit Jahrtausenden im Dunklen liegt. Wenn Sie das Licht anschalten, verschwindet die Dunkelheit in beiden Räumen gleich schnell. So verhält es sich auch mit der Wirkung der Transzendentalen Meditation im Leben des Einzelnen, und, als eine Erweiterung davon, in der gesamten Gesellschaft.«

Ich bin äußerst optimistisch, was TM für Sie und die Welt als Ganzes zu leisten vermag. Hauptsächlich deshalb, weil ich sie seit fast fünfzig Jahren aus erster Hand kenne und weil ich ihre tiefgreifende Auswirkung auf das Leben Tausender Menschen erleben durfte – Menschen, die ich persönlich unterrichtet habe und von denen einige unter den finstersten, gewalttätigsten und schlimmsten Umständen leben, die man sich nur vorstellen kann.

Sollten Sie sich dazu entschließen, das Meditieren zu erlernen, dann biete ich Ihnen meine ganze Unterstützung an – und die ganze Unterstützung jedes anderen TM-Lehrers dieser Welt dazu. Denn Sie treten eine Reise an, auf der Sie lernen, das grenzenlose Reservoir an Kreativität und Intelligenz, das in Ihnen liegt, zu erfahren und auszudrücken. Es ist etwas so Einfaches, und gleichzeitig auch etwas unglaublich Machtvolles. Genießen Sie es!

DANKSAGUNGEN

Zuerst und vor allem gilt mein Dank Maharishi Mahesh Yogi, der jedem auf die denkbar einfachste Weise diese völlig natürliche Technik zur Verfügung gestellt hat, damit jeder Zugang zum inneren Feld der Stille finden kann, der Grundlage wahrer Gesundheit, wahren Glücks und wahren Erfolgs im Leben. Ich danke Dr. Tony Nader, der nach Maharishis Hinscheiden im Jahre 2008 mit außergewöhnlicher Weisheit, mit Mitgefühl, Geduld und Kraft die globale Verantwortung auf sich genommen hat, damit Transzendentale Meditation in 120 Ländern unterrichtet wird; Dr. John Hagelin für seinen weisen und steten Einsatz, damit TM in Hunderten von US-amerikanischen TM-Centern unterrichtet werden kann; Dr. Bevan Morris für sein ungeteiltes, jahrzehntelanges, hingebungsvolles Engagement, die Integrität und Kraft der TM-Technik heute und in Zukunft zu verbreiten und zu bewahren; David Lynch, dass die *David Lynch Foundation for Consciousness-Based Education and World Peace* in seinem Namen ins Leben gerufen werden konnte und für seine rastlosen Bemühungen in der ganzen Welt, diese Meditation Millionen Menschen näherzubringen; Dr. Norman Rosenthal für seine Freundschaft und seine wissenschaftliche Präzision, die mir beim Schreiben des Buchs geholfen hat; und ganz aufrichtig euch Tausenden von Lehrern der Transzendentalen Meditation für eure ganze Arbeit, die Ihr jeden Tag leistet, für eine Besserung der Welt.

Mein Dank geht an Ray und Barbara Dalio, Devon und Jane Dalio, Paul und Kristina und Christopher und Kai Dalio, Matt Dalio und Mark Dalio – mir fällt es schwer, auszudrücken, wie sehr ich euch liebe und schätze – für das, was ihr seid und alles, was ihr tut.

Mein herzlicher, inniger Dank geht an Albert Lee, meinen visionären, hartnäckigen und immer hilfsbereiten Agenten und Freund bei *Aevitas Creative*, der zuerst die Idee ins Spiel brachte, ich solle ein Buch schreiben und der mich bei jedem Schritt seiner Entstehung unterstützte; an Kevin O'Leary, meinen unfassbar klugen, mitfühlenden und seelenvollen Mitarbeiter, für seine ständige Unterstützung, weise Führung und unübertroffene Wortschmiedekunst bei der Entwicklung dieses Buchs von der Idee bis zur Vollendung; und bei *Simon & Schuster* an den Verleger Jon Karp, der an dieses Projekt glaubte und sein grünes Licht dafür gab; an Jofie Ferrari-Adler, meinen klugen, geduldigen und stets hilfsbereiten Lektor und an seine Assistentin Julianna Haubner; an Richard Rhorer, Cary Goldstein, Stephen Bedford und das gesamte Marketing-Team für ihr energisches und unermüdliches Engagement für dieses Buch; an den Artdirector Alison Forner, die Coverdesignerin Grace Han, für das Layout an Carly Loman, den Bearbeiter Phil Bashe und den Leiter des Lektorats, Navorn Johnson, die mein Buch schön gemacht haben; und bei *Simon & Schuster UK* an meine wunderbare Lektorin Claudia Connal, die PR-Managerin Gemma Conley-Smith und an die Marketingleiterin Amy Fulwood für ihre Kraft, Weitsicht und Unterstützung.

Dieses Buch ist das Ergebnis der harten Arbeit und Entschlossenheit von allen, die in der *David Lynch Foundation* und den TM-Organisationen weltweit mitarbeiten. Von ganzem Herzen danke ich den Aufsichtsräten (vergangenen wie amtierenden) der *David Lynch Foundation*.

Ich danke meinen TM-Lehrer-Kollegen, Team-Mitgliedern und Freunden, deren Unterstützung für meine Arbeit mir alles bedeutet, und meinen anderen Freunden und Mitreisenden in der *David Lynch Foundation* und den TM-Organisationen in der ganzen Welt.

Ganz besonders danke ich meinen geliebten Eltern Merall und Susan; meinen Geschwistern Ellen, Bill, Tom und Scott; meinen Neffen und Nichten Jonny Cook, Michael und Rachel Cook und ihren Kindern Hazel und April – euch allen danke ich für die immerwährende, unvorstellbare und lebenserhaltende Liebe und Unterstützung. All das verdanke ich euch. Es ist wahrlich euer Buch.

ANMERKUNGEN

Einführung

1. Jean-Pierre Brun: »Work-Related Stress: Scientific Evidence-Base of Risk Factors, Prevention and Costs« (Vortrag auf der World Health Organization, März 2007); Judy Martin: »Stress at Work Is Bunk for Business«, *Forbes online*, zuletzt geändert am 2. August 2012.
2. Katie Allen: »Stress Now Commonest Cause of Long-Term Sick Leave – Report«, *Guardian online*, zuletzt geändert am 4. Oktober 2011.
3. Etsuro Totsuka und Toshio Ueyanag: »Prevention of Death from Overwork and Remedies for Its Victims«, *National Defense Counsel for Victims of Karoshi*, http://karoshi.jp/english/overwork1.html; »Case Study – Karoshi: Death from Overwork«, *International Labour Organisation online*, zuletzt geändert am 23. April 2013, www.ilo.org/safework/info/publications/WCMS_211571/lang-en/index.htm.
4. *Stress in America: Are Teens Adopting Adults' Stress Habits?* (Washington, DC: American Psychological Association, 11. Februar 2014), 7, www.apa.org/news/press/releases/stress/2013/stress-report.pdf.
5. Frederick Travis und Jonathan Shear: »Focused attention, open monitoring and automatic self-transcending: Categories to organize Meditations from Vedic, Buddhist and Chinese traditions«, *Consciousness and Cognition* 19 (Dezember 2010): 1110–1119, http://www.drfredtravis.com/downloads/Travis_preprint.pdf.

KAPITEL EINS
Eine Arbeitsgrundlage

1. Frederick Travis und Niyazi Parim: »Default Mode Network Activation and Transcendental Meditation Practice: Focused Attention or Automatic Self-Transcending?«, *Brain and Cognition* 111 (Februar 2017): 86–94, http://dx.doi.org/10.1016/j.bandc.2016.08.009.

KAPITEL ZWEI
Dritter Tag: Erfolg ohne Stress

1. Véronique L. Roger et al.: »Heart Disease and Stroke Statistics – 2012 Update: A Report from the American Heart Association« (Dallas: American Heart Association, 2012).
2. Robert H. Schneider, Charles N. Alexander et al.: »Long-Term Effects of Stress Reduction on Mortality in Persons ≥55 Years of Age with Systemic Hypertension«, American Journal of Cardiology 95, no. 9 (1. Mai 2005): 1060–1064; Robert H. Schneider, Frank Staggers et al.: »A Randomized Controlled Trial of Stress Reduction for Hypertension in Older African Americans«, Hypertension 26 (1. November 1995): 820–827; C. N. Alexander et al.: »Effects of Transcendental Meditation on Psychological Risk Factors, Cardiovascular and All-Cause Mortality: A Review of Meta-Analyses and Controlled Clinical Trials«, Paper auf der Tenth Conference of the European Health Psychology Society, Dublin, Ireland, September 1996.
3. University of Kentucky: »Transcendental Meditation Effective in Reducing High Blood Pressure, Study Shows«, zuletzt geändert am 5. Dezember 2007, www.sciencedaily.com/releases/2007/12/071204121953.htm.
4. Schneider et al.: »Long-Term Effects of Stress Reduction on Mortality«, American Journal of Cardiology 95, no. 9 (1. Mai 2005): 1060–1064.
5. Robert H. Schneider et al.: »Stress Reduction in the Secondary Prevention of Cardiovascular Disease: Randomized, Controlled Trial of Transcendental Meditation and Health Education in Blacks«, Circulation, Cardiovascular Quality and Outcomes 5, no. 6 (November 2012): 750–758.
6. R. D. Brook et al., im Auftrag des American Heart Association Professional Education Committee of the Council for High Blood Pressure Research; Council on Cardiovascular and Stroke Nursing; Council on Epidemiology and Prevention; und Council on Nutrition, Physical Activity and Metabolism: »Beyond Medications and Diet: Alternative Approaches to Lowering Blood Pressure – A Scientific Statement from the American Heart Association«, Hypertension 61, no. 6 (Juni 2013): 1360–1383, https://doi.org/10.1161/HYP.0b013e318293645f.
7. Vernon A. Barnes, Frank A. Treiber, und Harry Davis: »Impact of Transcendental Meditation® on Cardiovascular Function at Rest and During Acute Stress in Adolescents with High Normal Blood Pressure«, Journal of Psychosomatic Research 51, no. 4 (Oktober 2001): 597–605, https://doi.org/10.1161/HYP.0b013e318293645.

Vierter Tag: Den Nutzen mehren

8. Fred Travis et al.: »A Self-Referential Default Brain State: Patterns of Coherence, Power, and eLORETA Sources During Eyes-Closed Rest and Transcendental Meditation Practice«, *Cognitive Processing* 11, no. 1 (Februar 2010): 21–30, doi:10.1007/s10339-009-0343-2, Epub 28. Oktober 2009.
9. Harald S. Harung et al.,: »Higher Psycho-Physiological Refinement in World-Class Norwegian Athletes: Brain Measures of Performance Capacity«, *Scandinavian Journal of Medicine & Science in Sports* 21, no. 1 (Februar 2011): 32–41, doi:10.1111/j.1600-0838.2009.01007.x.
10. Harald S. Harung und Frederick Travis: »Higher Mind-Brain Development in Successful Leaders: Testing a Unified Theory of Performance«, *Cognitive Processing* 13, no. 2 (Mai 2012): 171–181, doi:10.1007/s10339011-0432-x.
11. B. Rael Cahn und John Polich: »Meditation States and Traits: EEG, ERP, and Neuroimaging Studies«, *Psychological Bulletin* 132, no. 2 (März 2006): 180–211.

KAPITEL DREI
Der Wandel beginnt in dir

1. Leo Shane III und Patricia Kime: »New VA Study Finds 20 Veterans Commit Suicide Each Day«, *Military Times online*, zuletzt geändert am 7. Juli 2016, https://www.militarytimes.com/veterans/2016/07/07/new-va-study-finds-20-veterans-commit-suicide-each-day/
2. Terri Tanielian und Lisa H. Jaycox, Hrsg.: »Invisible Wounds of War: Psychological and Cognitive Injuries, Their Consequences, and Services to Assist Recovery« (Santa Monica, CA: Rand Center for Military Health Policy Research, 2008), https://www.rand.org/content/dam/rand/pubs/monographs/2008/RAND_MG720.pdf.
3. James S. Brooks und Thomas Scarano: »Transcendental Meditation in the Treatment of Post-Vietnam Adjustment«, *Journal of Counseling & Development* 64, no. 3 (November 1985): 212–215, https://onlinelibrary.wiley.com/doi/abs/10.1002/j.1556-6676.1985.tb01078.x.
4. Joshua Z. Rosenthal et al.: »Effects of Transcendental Meditation in Veterans of Operation Enduring Freedom and Operation Iraqi Freedom with Post-Traumatic Stress Disorder: A Pilot Study«, *Military Medicine* 176, no. 6 (June 2011): 626–630, https://timemilitary.files.wordpress.com/2011/06/military-medicine-effects-of-tm-in-vets-pilot-study.pdf.

Meine eigene Geschichte

5. Sanford Nidich et al.: »Academic Achievement and Transcendental Meditation: A Study with At-Risk Urban Middle School Students«, *Education* 131, no. 3 (Frühjahr 2011): 556–564, Education Resources Information Center (ERIC).
6. Vernon A. Barnes, Lynnette B. Bauza und Frank L. Trieber: »Impact of Stress Reduction on Negative School Behavior in Adolescents«, *Health and Quality of Life Outcomes* 1, no. 1 (Dezember 2003): Artikel 10, doi:10.1186/1477-7525-1-10.
7. Charles Elder et al.: »Effect of Transcendental Meditation on Employee Stress, Depression, and Burnout: A Randomized Controlled Study«, *Permanente Journal* 18, no. 1 (Winter 2014): 19–23, doi:10.7812/TPP/13-102.
8. C.N. Alexander et al.: »Treating and Preventing Alcohol, Nicotine, and Drug Abuse through Transcendental Meditation: A Review und Statistical Meta-Analysis«, *Alcoholism Treatment Quaterly* 11 (1994): 13–87.

TM-Center im deutschsprachigen Raum finden Sie mit Adressen und Kontaktdaten hier:

meditation.de
transzendentalemeditation.at
transzendentale-meditation.ch

Einen Überblick über die Forschung mit Links zu den meisten Studien finden Sie hier:

de.tm.org/forschung

Über den Autor

Bob Roth ist einer der erfahrensten und gefragtesten Meditationslehrer in den USA.

Tausenden hat er in den letzten fünfundvierzig Jahren den Zugang eröffnet zur eigenen Kreativität und Kraft – mit Hilfe dieser einfachen, nicht-religiösen Technik. Großindustrielle, Millionäre und Geschäftsführer, die in der Regierung, der Wirtschaft, der Medizin, den Medien tätig sind sowie Künstler, Filmstars und Models, Häftlinge, vom Krieg gezeichnete Veteranen, überarbeitete Mütter und Väter – sie alle haben bei Bob Roth gelernt.

Gegenwärtig ist er Geschäftsführer der *David Lynch Foundation* und Leiter des *Center for Leadership Performance* in New York. Roth moderiert die Radiosendung *Success without Stress* auf SiriusXM und hält Vorträge für Führungskräfte aus Industrie und Wirtschaft auf Konferenzen wie Google Zeitgeist, Aspen Ideas Festival, Wisdom 2.0 und Summit.

Die Tantiemen für *Still werden – Kraft tanken* werden zu 100 Prozent gespendet, damit gefährdete Erwachsene und Jugendliche das Meditieren erlernen können.

Facebook/Twitter: @MeditationBob
www.DavidLynchFoundation.org
www.TMBusinessNYC.org

www.stillnessbook.com

www.tmhome.com

STIMMEN ZUM BUCH

»TM ist so einfach zu lernen und so einfach zu praktizieren. Die Erholung, die man dabei gewinnt, der Nutzen fürs Leben – das hat alles verändert.«
CAMERON DIAZ

»Transzendentale Meditation ist für all meine Erfolge die wichtigste Ursache. Roths *Still werden – Kraft tanken* filtert meisterlich das ureigene Wesen dieser Technik heraus, sodass jeder verstehen kann, wie sie wirkt – und warum man sie erlernen sollte.«
RAY DALIO

»Transzendentale Meditation – eine Technik, auf die ich mich immer verlassen kann auf meinem Weg durch mein wunderbar herausforderndes, aber zuweilen auch stressiges Leben.«
GWYNETH PALTROW

»*Still werden – Kraft tanken* ist eine transzendente Mischung aus Informationen und Weisheit, elegant geschrieben, von einem unvergleichlichen Experten in der Technik der Transzendentalen Meditation.«
NORMAN E. ROSENTHAL, M.D.

»Ich liebe Bob Roth, ich liebe Meditation, und ich liebe dieses Buch.«
ARIANNA HUFFINGTON

»Ich kann Bob Roth und die Transzendentale Meditation gar nicht genug loben. Stille, wahre Stille von Geist und Körper, ist ein großes Geschenk. TM lehrte mich, auf diese Stille zuzugreifen und dieses Geschenk jeden Tag aufs Neue zu öffnen.«
MICHAEL J. FOX

»Bob Roths *Still werden – Kraft tanken* ist ein Buch, das den Nerv der Zeit trifft. Nur so kommen wir voran. Jeder einzelne Satz kann unser Leben bereichern.«
STELLA McCARTNEY

»Es ist ein lebenslanges Geschenk ... etwas, auf das du jederzeit zurückgreifen kannst.«
PAUL McCARTNEY

»Es ist die einzige Zeit, in der ich Ruhe habe. Es gibt mir ein friedliches Gefühl. Ich liebe es einfach so sehr.«
ELLEN DeGENERES

Gesundheit durch TM

Die beiden Autoren, selbst niedergelassene Ärzte, unternehmen eine spannende Reise in das Reich des Bewusstseins und die Heilungsgeheimnisse des Körpers und entschlüsseln seinen kosmischen Bauplan. Sie zeigen, warum die Transzendentale Meditation wirkungsvoll ist und belegen dies an vielen Beispielen aus der medizinischen Praxis.

Sie veranschaulichen, dass es in allen Zeiten und Kulturen Menschen gegeben hat, die aus ihren spirituellen Erfahrungen wesentliche positive Impulse für ihr Leben geschöpft haben.

Dr. Schachinger / Dr. Schrott
Gesundheit aus dem selbst: TM
200 Seiten, Broschur
ISBN 978-3-933496-42-3

Direkt

Die Transzendentale Meditation ist eine der beliebtesten Meditationstechniken weltweit. Warum? Was ist das besondere an dieser Meditation? Dieses Buch gibt Antworten.

Anschaulich erläutert Peter Russell Hintergründe und alles Wissenswerte zur TM. Er zeigt, wo sie ihre Ursprünge hat, wie und warum sie funktioniert und welche Philosophie ihr zugrunde liegt. Es geht nicht nur um Gesundheit, Erfolg oder Persönlichkeitsentfaltung. Das Ziel ist größer, umfassender. Es geht um die Erfahrung der Einheit. Eine Einheit, die man zuerst in der Meditation als Stille oder reine Bewusstheit erfährt und die sich durch regelmäßige Praxis stabilisiert und verstärkt.

Peter Russell
Der direkte Weg
270 Seiten, Broschur
ISBN 978-3-933496-75-1

Kamphausen Media

Maharishi Mahesh Yogi

Die Bhagavad Gita ist die Schrift des Yoga, der göttlichen Vereinigung. Ihr Zweck ist, in Theorie und Praxis all das zu erklären, was gebraucht wird, um das Bewusstsein des Menschen zur höchstmöglichen Stufe zu erheben. Maharishi Mahesh Yogi liefert einen Kommentar, der die ursprüngliche Lehre in ihrer kraftvollen Einfachheit wiederbelebt.

In diesem Werk beschreibt Maharishi, wie sich das absolute Sein in den verschiedenen Phasen des Lebens ausdrückt. Alle Bereiche menschlicher Existenz werden beleuchtet. Es ist jedem Menschen möglich, sich mit dem Sein auf natürliche und einfache Weise in Einklang zu bringen. Denn die Erfahrung des reinen Seins ist das, was dem Menschen täglich aufs Neue Erfüllung bringt.

Maharishi Mahesh Yogi
Die Bhagavad Gita
480 Seiten, Broschur
ISBN 978-3-933496-41-6

Maharishi Mahesh Yogi
Die Wissenschaft vom Sein und die Kunst des Lebens
464 Seiten, Broschur
ISBN 978-3-933496-40-9

Kamphausen Media